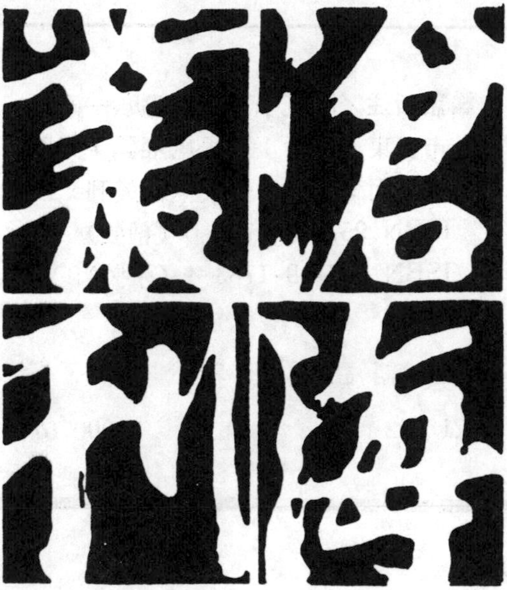

論語新注

陳冠學 著
東大圖書公司 印行

國立中央圖書館出版品預行編目資料

論語新注／陳冠學著.--初版.--臺北
市：東大發行：三民總經銷，民84
面；　　公分（滄海叢刊）
ISBN 957-19-1782-6（精裝）
ISBN 957-19-1783-4（平裝）

1.論語-註釋

121.222　　　　　84000767

著作人　陳冠學
發行人　劉仲文
著作財產權人　東大圖書股份有限公司
臺北市復興北路三八六號
發行所　東大圖書股份有限公司
地　址／臺北市復興北路三八六號
郵　撥／〇一〇七一七五——〇號
印刷所　東大圖書股份有限公司
總經銷　三民書局股份有限公司
門市部　復北店／臺北市復興北路三八六號
重南店／臺北市重慶南路一段六十一號
初　版　中華民國八十四年四月
編　號　E 03101
基本定價　肆元肆角
行政院新聞局登記證局版臺業字第〇一九七號

ISBN 957-19-1783-4（平裝）

序

余弱冠始讀論語，慨然有志爲聖人徒。昔人有早晚誦論語如釋子念經者，余於聖人書精勤雖未至此，要未嘗不日把玩吟味，愛其親切入人深也。然雖聖賢人皆有分，談亦何容易？要所以學爲聖賢者，欲以求無過而體夫天賦之仁耳。仁則吾豈敢？抑得至無過則所企云爾。雖然，乃夫子七十而從心，余何人斯？敢望到此。余茲年四十有三，多惑且多過，每一自念，輒汗涔涔愧對聖人。乃復敢說聖，安得無謬於聖人之本心哉？是益自惶恐。雖然，卽以吾過而證聖人之是，可乎？蓋凡此書所說，莫非余平生之所體驗，凡再過三過至四過五過，再思三思至四思五思，再察三察至四察五察，有足以印證聖言者，悉筆之於是，冀與世之人共適道以明聖耳。夫注釋論語，自漢以來中外無慮千百家，而朱熹集注尚矣，自明清以來注者代作，皆弗能過之。余之翦陋，自抒一愚，如野人獻曝，徒貽笑狐貉之家。雖然，自集注或有未盡，他無論矣，是則此注之所爲作也。此注仿向郭注莊例，但攄發義理，其不及義理者，或略而不注。然以余孤陋寡聞，久蟄僻壤者，幾何其不爲齊東野人語也？其無悖於聖人本意，是至幸矣！中華民國六十四年九月陳冠學自序於臺灣南部之萬隆村。

再版序

朱子為四書集注，畢生修訂未嘗已，謝世前三日，猶改定大學誠意章。本注自初版以來，幾十九年，余乃未有隻字之改訂，今值再版重校，亦未有修訂意，視諸古人，其慢忽殊甚。但本注以掮發義理為主，其義理一定永定，所可改易者蓋亦甚寡。惟泰伯章昭公知禮章，吳本為子姓，周人改造歷史，造為泰伯兄弟希意讓位奔吳，余於該二章未有附論，或當時偶然遺漏，今特舉出補正。夫岐周之於吳越，相去不啻萬里，泰伯兄弟，即以政權爭奪出奔，亦斷無身穿洪荒，萬里奔吳，方得一保性命之理；況以希意讓位，則渭濱洛浦，隨地可以寄身，此常理之至明者。故昭公娶於吳曰吳孟子，明吳越為子姓，姬姓安得飛渡荆蠻，孤立東南海陬哉？此事余於老臺灣一書移民章論之綦詳，讀者可參檢。

陳冠學識

民國八十四年一月二十三日

論語新注 目錄

學而第一

子曰：「學而時習之，不亦說乎？有朋自遠方來，不亦樂乎？人不知而不慍，不亦君子乎？」

「學而時習之，不亦說乎」者，言爲學之樂也；「有朋自遠方來，不亦樂乎」者，言論學之樂也；「人不知而不慍，不亦君子乎」者，言成學之樂也。蓋言學問自爲一樂土，自爾具足，夫子自述以告諸弟子者也。

此「學」之爲人類性命之一超越活動之首點出。此是劃時代的發明，學問自此成一超越存在，中國自此進入眞正的文明，中國學問自此成立。

附論：學問之成立

學問爲一獨立體，非爲獨立體卽非學問。故學問不得爲附庸，爲政治的附庸，爲日常的附庸，爲社會的附庸，則皆非學問也。學問有其自體性主體性，非有此則學問未得成立。故學問爲人類性命之一超越存在，此爲其本體性。若夫其發爲效用，上下四方，無所不極，故可爲政治的學問，日常的學問，社會的學問，此爲其效用性，非其本體性也。夫子言學，往往發其效用，至於本體則於本章外，述而篇再言之而已。其言曰：「其爲人也，發憤忘食，樂以忘憂，不知老之將至云爾。」皆顯學問本體之爲人類性命之一超越存在超越活動也。此義極要緊，不得此義，終不了學之自身，其不知說樂，安得不慍？

附釋詞

子：子，爵名，流為泛稱，猶君子一詞之流為泛稱也。爵名之流為泛稱者有二，子與公也。

慍：慍，今之懊字。或曰「慍，怨也」；慍、懊、怨一語。說文「奧，宛也」「媼，讀若奧」，可證。懊之言奧也，慍之言蘊也；情鬱於深中而不得發也。不慍，猶云不懊惱也。

君子：君子者，國君之子也，衍為貴族，為統治階級；及其流為平民也，則為知識份子，為有風儀有德養之人。

有子曰：「其為人也孝弟，而好犯上者鮮矣；不好犯上而好作亂者，未之有也。君子務本，本立而道生；孝弟也者，其為仁之本與？」

其爲人也孝弟云云至末之有也，此乃分析命題，故爲理之當然。

仁者萬物一體，而況其至親乎？故孝弟爲爲仁之本。謂本立而道生者，非謂孝弟爲仁之本，仁生於孝弟也。此言人之成立，仁之體現，少而孝弟，長而仁焉，蓋仁以孝弟爲濫觴，道德與年事而並立也。此爲人之成立之歷程，而亦仁之體現之歷程也。陸象山不知，以爲有子以孝弟爲仁本，遂謂有子支離。蓋仁自是本，孝弟乃仁之一德耳，故程子曰「性中幾曾有孝弟來」？孝弟豈得爲仁本哉？本章言之至實，自孔門中有子外，惟曾子道得，他人不得道也。

附釋詞

孝：孝，敎之本字；可敎之謂孝。

弟：弟，隸也，隸諸兄也。

仁：仁與人同音，此非偶然也，此乃人之邏輯界定；即，仁乃人之定義。故仁之一詞與人性同義，此不僅是人之可能，且為人之現實。故孟子曰：「仁，人也。」鄭司農解為讀如相人耦之人，則是執仁字所从二字為言，此不達語源。仁字實从人二聲。仁之涵義，蓋包含一切當下自發之人性，而生物性不與焉。故凡忠孝信義之目，莫非仁也。惟知雖人類獨有，乃不在仁中。緣知非當下自發，知者灼照而反踐之，非當下自發之自踐也。仁則自發不已。

道：道、理古今詞。古人言道不言理，今人言理不言道；古人為得之。古人就宇宙人生作動態觀，故言道；今人作靜態觀，故言理；一活一死，優劣自現。道，路也，路必行焉，行為動矣，依今物理學言之，以其為動也，必括全四度空間。理，玉紋耳，純三度空間而不及第四度之時間，此其為死也。道字要當括四度體會之乃為得之。且道者導也（見下章釋詞），則道者引導，自此引彼，自此到彼，引前無間，引而又引。故道為發展的，係為一時間性的發展，非全盤呈現，其所呈現，卽成旣成事實，此卽成跡，是道之跡也。故道於未來不可知，以其未形也。而理，佈諸玉中，乃是已然的，是一時全盤呈現，一覽無餘，但仔細按之無不可得。故理可全知，道不可全知；此其異也。然孔門言道，限於人事中，且歸結於性地上言之，罕能宇宙論地言之。故其所言道，乃如一本質，已然全現全在，義近於理。故至宋儒乃遂正面言理，而曰理學，其曰道學者，但一虛名耳。

子曰：「巧言令色，鮮矣仁。」

子曰：「剛毅木訥，近仁。」

此經驗地言之，非邏輯地言之，蓋仁之內涵未必與巧言令色對。

附釋詞

令：令、良一字，並是叚借；冷、涼一字，可證。令色卽是良色也。令讀平聲。

曾子曰：「吾日三省吾身：為人謀而不忠乎？與朋友交而不信乎？傳不習乎？」

此曾子自述其爲弟子時事。曾子篤實，蓋狷者也。其操守至謹嚴，學者學曾子可免於流。然曾子終過於拘謹，才大志劇者，於此往往不堪。然曾子所成德性耳，非成才志也，此當辨之。本章所示至篤實。

附釋詞

忠：忠，从心中，心中正也。

信：信、眞古同音。信者，眞實也。

傳：傳當讀去聲。動詞讀平，名詞讀去。

子曰：「道千乘之國，敬事而信，節用而愛人，使民以時。」

朱子曰：「治國之要，在此五者。」

附釋詞

道：道、治一語。道从辵首首亦聲。道，導之本字，語源於首，行瞻首也；道者，行先之也。自道借為路，後世另造導字。首、領詞近，道千乘之國，猶云領千乘之國，故首領倒詞，是為領導。導、帶、治一聲之轉。今云帶兵卽引兵也，帶當作道字。今云治國，卽此道國也。

子曰：「弟子入則孝，出則弟，謹而信，汎愛衆而親仁；行有餘力，則以學文。」

此言弟子輩當先修行而後修文，而修行之方則有六焉。聖人周之至也，所舉六目，進德之方固盡在是，而成德之業亦舉出此矣。後世言子弟人格教育，不能增損於此六者。世欲求完美人格，自此始；欲言完美的人格教育，盡在是。好子弟自此來，君子自此來，聖人亦自此來。夫然後知此爲人格教育之圭臬也。德至言到，大哉夫子！

「行有餘力，則以學文」者，君子不能無文也。夫文，君子所以幹事也。文質彬彬，然後君子，無文則君子之德亦不備也。然君子以行繫文，故在弟子則行有餘力，乃以學文。其本末先後如此，非君子可以無文也。

「行有餘力，則以學文」者，此是一世界，是先成己之世界，此古人之世界也。乃今之弟子者，則學有餘力，乃以爲行耳，是又一世界，是先成物之世界也；本末正顚倒，故雖有物，亦隨成隨毀，緣物無所繫也；且所成物亦不能爲我用，行且扞格躓礙陷溺拘繫，反爲我累；爲夫己之未成也。此義至深大。

附釋詞

弟子：弟子，此前代兄終弟及遺語，先弟後子。戰國而後，曰子弟，先子後弟。雖社會制度之變遷，抑亦可以見人情之厚薄矣。

汎：汎、普同音，與博字並皆段借字。

文：文對武而言，凡文字之事統曰文，等於今日學術、科學之學，今人所謂學問者是也。文王諡曰文，孔文子亦諡曰文。以今語出之，文王者，學者王也；孔文子者，學人孔先生也。故學文卽今所謂治學也。

行：行，讀去聲。子以四教：文、行、忠、信。文、行正並舉。

子夏曰：「賢賢易色，事父母能竭其力，事君能致其身，與朋友交言而有信；雖曰未學，吾必謂之學矣。」

未嘗學問受教而能此，此自邏輯上事實上言之，皆不可能者。蓋此數者乃人類觀念進化甚高階段，非一蹴可幾，故子夏比之於已學。雖然，果有未學而能此，是非眞能之，乃僞之耳，此與告子不動心一類，硬是咬住牙根，當下信受，與宗教信仰同，於道非達也，仍不足多。

附釋詞

易：易，宜讀如慢易之易，輕之也；與上賢字對。

子曰：「君子不重則不威，學則不固，主忠信，無友不如己者，過則勿憚改。」

言重言威，對小人而言也。蓋惟小人與女子爲難養，故此是相對事實，若夫無所對之小人，則亦無所謂重與威矣。

此爲門弟子學干祿者說，然仍歸於修身成德言之。

附釋詞

固：固，錮之本字。學矣則可免於固陋焉。

主：主，讀如主顏讎由之主，故下接言友。主，住之叚；住、駐同語，暫居也。

憚：憚、惰一字。

曾子曰：「愼終追遠，民德歸厚矣。」

此言人文生命之承續，此義至嚴肅；不特有土者當如此。夫人之個體生命，非眞爲個體的，每一個體生命，蓋皆自整個人文歷史冒出。故一個體生命，卽是一歷史生命，其間命脈相續，不曾斷了。今人好作個體生命兀出想，因陷絕境，固也（此非止無根已也）。人文生命直是與天地共長久，苟天地一日在，此一生命亦在。蓋個人生命之爲物，世誠無有，苟必言有個人生命，則必抽離其人文生命而後得。然則如是一抽空之生命，乃成烏有，是並一般動植而不及。何則？一般動植且亦自負一「物文」之歷史而冒出者；譬如雞、鴨、花、木，其今所冒出之生命，適背負億萬年進化之歷史，非一兀出物也。故曾子謂之歸厚者，是一線串起，焉得不厚？歸厚者，使凡生民皆歸入人文歷史生命也。不了此義，則亦不能識萬物一體之義。實則世界只是一個生命，括有生無生二界，並一生命也。

子禽問於子貢曰：「夫子至於是邦也，必聞其政，求之與？抑與之與？」子貢曰：「夫子溫、良、恭、儉、讓以得之；夫子之求之也，其諸異乎人之求之與？」

附釋詞

溫、良、恭、儉、讓五字，遂成萬世中國學人之典型。

溫：溫之言宛也。

儉：儉之言檢也，謂自檢也。

諸：諸猶今語都字，語詞。

子曰：「父在觀其志，父沒觀其行，三年無改於父之道，可謂孝矣。」

君子已孤不更名，夫豈止三年？

參照子張篇親喪自致章、孟莊子章注。

有子曰：「禮之用，和為貴，先王之道，斯為美，小大由之；有所不行，知和而和，不以禮節之，亦不可行也。」

禮固貴和，然和與禮非一也。常人恆以和行事，不知和是一事，禮又是一事；是其執和非執禮也。緣禮必生和，故常人遂誤以和爲卽禮也；是認影爲形，失其本矣。

有子曰：「信近於義，言可復也。恭近於禮，遠恥辱也。因不失其親，亦可宗也。」

所約合理，方可踐言。恭敬合禮，則人已均衡，苟爲敬人太過，則是自削以益人，人重而已輕矣，是恥辱之勢已成。

附釋詞

義：義者，人事之理也，蓋自人性之仁抽繹而出者；故內在之則為義氣，外在之則為義理，並在人性之仁也。

因：因、依互為陰陽。然此句不可解，尤以宗字甚突，疑有譌誤。

子曰：「君子食無求飽，居無求安，敏於事而愼於言，就有道而正焉；可謂好學也已。」

正爲學者作一活寫照，譬如繪畫，淋漓盡致。

飽安正是生物事。君子超生物，君子在義理世界中，故於生物事不關心，而況求之乎？

敏事、愼言、就正有道，正是用力義理。夫惟用力義理乃謂之學。學必致力，惟此乃力自生命中出，其餘非自家生命之體現與提昇，惟曰習耳，非學也。此義須辨之。

故學之意義乃在致自家生命於義理層，卽體現其義理生命也。其有如是云云者，自是好學者矣。

附釋詞

安：安、穩一語。

敏：敏、勉一字。

子貢曰：「貧而無諂，富而無驕，何如？」子曰：「可也！未若貧而樂，富而好禮者也。」子貢曰：「詩云：『如切如磋，如琢如磨。』其斯之謂與？」子曰：「賜也，始可與言詩已矣！告諸往而知來者。」

一本樂下有道字；然細審之，正不必有。禮記坊記作「貧而好樂，富而好禮」，無義，禮樂之樂，貧者之所不及。

子貢特言一無字，此是消極遮見，此無內容，無正面實義，遮止是棄，是但見所棄而不見所存，猶爲未知，故遮不可爲表。必如夫子正面指出，方眞有表立。子貢一遮，於貧諂富驕，固是高出一等，然仍是同一層次人。夫子截然提起，便非同一世界。貧而樂者，仁者不憂也，仁體透，夫何往而不自得哉？即如顏淵三月不違仁，彼在陋巷且不改其樂，況從容之仁者乎？富而好禮者，全副是人文生命，徹底覺悟來，徹底認取來，非仁體熟透，其孰能肯定夫禮乎？夫禮者非他，人文之全體是也。

此就人生兩極端顯示仁體通透姿態。

附釋詞

諂：諂之言陷也，尤進於逢矣。

驕：驕，憍之叚，以意自高也。

子曰：「不患人之不己知，患不知人也。」

此就爲政立場言之者，若夫爲匹夫匹婦，固不患人之不知己，亦不患不知人也。

爲政第二

子曰：「為政以德，譬如北辰，居其所而衆星共之。」

其原理如此。此蓋純就政治原理，卽就人性之根據以言政治者。故欲言治道，治道止如此，捨此更無治道。詳見道之以政章注。

附釋詞

政：古人造字有定法，凡从攴字皆動詞字。如：工，名詞也，其動詞為攻；至，名詞也，其動詞為致；田，名詞也，其動詞為畋；正，名詞也，其動詞為政。故，政者，使之正也，所以部勒以定人羣也，此其本義。

德：德與道同語，道之落實在人曰德，故在天曰道，在人曰德。

辰：辰，今語所謂恆星也，以其足以定時，故曰辰；辰，時之陽聲字。

子曰：「詩三百，一言以蔽之，曰：『思無邪。』」

一言而爲萬世文學不易之定義。（當時言詩，其義等於今日之文學。）

附釋詞

詩：詩、詞古今字。「孔子時其亡也而往拜之」；時，覗之叚。莊子大宗師「浸假而化予之左臂以為雞，予因以求時夜」；時，司之叚。尸子正作「雞司夜」。

詩三百：詩三百者，以當時言之，猶世界文學大全集也。

邪：邪、斜同語；物偏謂之斜，行偏謂之邪。

子曰：「道之以政，齊之以刑，民免而無恥；道之以德，齊之以禮，有恥且格。」

夫德之流行，速於置郵而傳命。故曰：「爲政以德，譬如北辰，居其所而衆星拱之。」此夫子一貫之看法也。蓋惟德能化，政刑則全不涉乎道德主體之建立或喚起也。全章主旨止在一免一格二字。然爲政之方多端，在宗法社會德禮之中，自有嚴於政刑者在，其已突破宗法，臻乎工商，則德失禮壞。故孟子處戰國之世，乃曰：「賢者在位，能者在職，國家閒暇，及是時，明其政刑。」然政刑固不能望治也，蓋無人性根據。故工商社會、法律政治乃非人類之正體。其爲人類之正體，以往之農業差近之。人類之正體在未來將以何型態現，吾今未能逆言之，要當依據人性，爲一德約社會無疑。此一社會，且無需政治。故彼時自無政治可言，有之，必爲包商制矣。故夫子無取政刑，而曰德禮，卽此意也。

附釋詞

格：格，革也。

子曰：「吾十有五而志於學，三十而立，四十而不惑，五十而知天命，六十而耳順，七十而從心所欲不踰矩。」

達巷黨人謂子博學而無所成名。夫子志學也早，不試多藝，故博；然而無所成名者，君子不器，故不立專業專長爲一專家也。荀卿書云：「學惡乎始惡乎終？其義則始乎爲士終乎爲聖人。」此夫子之學向也，夫豈無所成哉？第以世間技藝求之，宜其不爲御射也。蓋十五而志學，三十而學立，四十而知人，五十而知天（知夫人世之必然動向與夫天之所授之在我之不可易），六十而外透，耳與心印，七十而內透，從容中道，一體無內外，成就大聖，民莫能名焉。

蓋等述致聖歷程，凡七十年而後得，曰「吾非生而知之者」，世豈眞有不學而致之聖人哉？

自五十而後漸精微，亦漸洗脫。四十九前未必盡非，要非至於知天命，則亦未能全盤剝落，通體透澈。雖然，知命豈易易哉？夫子乃積三十五年而後得，窮理盡性以至於命也。夫命，令也，令者不可抗，是以謂之命焉，今語所謂必然是也。夫命無所不在，莫非命也，無所逃乎天地之間。命之在物則理也，在我則性也，窮理盡性，至於其源，乃見命焉。命者，理性之源已；源卽天也。故命卽天，天卽命。知得天命，故外則知順理以成物，內則知率性以成己，物我皆自此命字立焉；否則外不知命之所在於物，內不知命之所受於我，意、必、固、我，至於頭破血流，無補事實。故自知天命後漸純熟，至六十，十年間乃至耳順。耳順者當時成語，耳聞心通之謂；中庸所謂「不思而得」，是窮理之至也，卽所謂聖也。

故聖字从耳呈聲，聖者耳順是也。此是俗語之聖。至是外邊全透，物理盡矣，故俗謂之聖；然儒家之聖不謂是也。此是自然世界之認知的盡，自凡民望之，固是高不可仰，堅不可鑽；然儒家之聖不謂是也。此固所以成物，然止此片面的成物，止是功利的，卽所成之物實亦無繫；故儒家不謂是聖也。此止是物的發展，是隨動物生命循至於極耳；蓋所成止於物，於成人自己本身了不相干，卽未成乎己也。故俗之所謂聖，順動物生存發至於極是也。此如無所歸，如仍歸於其成物一事之自體，則仍是一動物生存本能事耳。必卽此而攝歸更高一層，方是一件至高事業；此一更高層卽道德世界是也。人在自然世界僅能成物耳，在道德世界乃得成己焉；此二界所成各異。自然世界者，物之世界也。道德世界者，人之世界也。人欲成人當在道德世界中成焉。故人者，道德世界中的動物也；犬馬者，自然世界中的動物也。二界畛嚴域峻。故生於自然世界而不知夫物之理而窮之則生且不保，生於道德世界而不知夫性之分而盡之則生且長悔。然而夫子乃又十年而至於夫道德世界之聖焉，曰「從心所欲不踰矩」。鄉者六十九年間在人、我、事、物中打轉，一舉手而悔，一投足而吝，日乾夕惕，終不得免；蓋此心爲蟊賊，每一念生，恐或出道義外，怵惕顧慮，無一時之易。至是此心瑩然，更無纖翳，自此放心天地間，乘意而行，了無顧慮。此是道德的大解脫、道德的大自在、道德的大自由，是乃眞逍遙也；夫是之謂聖。故聖人者道德世界之絕對自由人也，此是內裏全透，盡性之至也，性分盡矣；中庸所謂「不勉而中，從容中道」者是也。「從容」卽「逍遙」已！莊周言逍遙，吾儒言從容。莊周就自然世界言解脫言自由，吾儒乃出其上就道德世界言之。此則非空洞的解脫自由已也，此乃有所成；此成已矣。此是道德主體完全呈現，此心肫肫至純粹之無上成就也。故人之一生，是鍊得此心透，或悟得此心透之一歷程耳。是人生者，心之一鍛鍊歷程，所以造就一純粹的心而已也。純粹的心者，此心莫非性分之全也。此則道德主體主體全心，此之謂聖—此之謂從容謂自由謂解脫。曾子啓足啓手，豈眞得免哉？必如夫子從心，方是眞免。蓋人生歷鍊，則全盤求一盡免耳。初不只限於身體髮膚手足之孝而已。夫人不能臻於此，不能超到此，便都是零碎，卽所免亦皆小無甚意義。故曾子之小不足取，其不能承啓夫子之道，此可見。人必臻此到此，方是眞剝落其悔吝過誤罪惡。至此此身乃不復爲世間過誤罪惡之一源，不復爲此世生非造害之一本。此是人自呱呱墜地以來，其主觀正面道德企求的重負之卸落。故夫子道此，自是有痼疾遂瘉之無限輕脫感洋溢心頭，前言大解脫、大自在、大自由者是。此是人之主觀企求擺脫其形下累贅之終身重負一旦卸落之輕脫。就人之自身主觀而言亦只感得如此，此亦只是主觀感覺，此感覺在主觀便自已無與倫比，若說喜，則喜無過此。夫子自述到此，亦只此感覺。此感覺全不脫主觀，若要脫出主觀，自客觀觀其成就，則須藉他人之眼目見之，其當事人不合自見。若就客觀觀其成就，則此七十致聖，純是破乾坤之一大事，是人間第一遭，亦是人間成就之極頂，且是乾坤演化之臻極。自無始以來乾坤便向此走，今日方才走到。自無物而有物，有物而生物，生物而人，自有人以來皆假人，多形下拖滯，畢竟不脫生物，只冒以人之可能性而已。今日乃脫然擺掉形下拖滯，其潛抑數百萬年之人的可能性，乃遂冒出爲一現實性。今日是眞人始現，乾坤腳步遂到此歇止，到此乾坤演化完成，乾坤自身亦於是完成。此是客觀觀其成就，說偉則偉無過此。故自主觀言之，聖人是一絕對自由人，自客觀言之，聖人卽道之活身，是道身。向來道只默在，道只在那裏，或在你身中，畢竟須你尋它說話，此日道自向你走來，與你說話，導你脫離生物形下拖滯，走向它。故自客觀言之，聖人是道之活現。

本章述人之完成之歷程，段落分明，階梯在焉，其務自進焉，則胥拾級可到乎？

盍共勉旃！

附論

夫子受徒教授，當在四十以後，人不能無惑於己而能教人者，推此可知。

附釋詞

學：學之含義，在論語中有二：一、外邊知識或技術之學；二、內邊品德之學。此夫子自言十五志學，以十五少年而志學，當兼賅二者言之；然夫子用力所在仍在品德之學。

立：立蓋謂於所志之學，已得立脚地，初有基礎。基礎旣立，則高樓大厦次第可起。夫子七十而致聖，全在三十之立。此立得厚立得廣，故足以發皇聖業。他人之立，不及夫子，故所成事業終亦不及。立之實極要緊，讀者毋忽此字。然夫子自志學至此，用力凡十有五年，不可謂不久。雖聖人亦必用力如是之久然後立得大也。

不惑：夫子於所學之立積十年然後至於不惑。不惑猶孟子不動心。此是立之後第一段成就。至此積學已厚，因知言而知人，已達知人之究竟；再十年更至知天。此是於人事明之深，裏外信得碻。孟子不動心，就氣上說；此就知上說。從知上說，是照明。從氣上說，大體須是養，須時時以道義充其氣；此不必充氣。

天命：天者，在莊子乃自然之謂，與人對。然夫子所謂天，意含冥冥中之宇宙主宰之義。命者，命令也；命令不可抗，故命是一必然。故天命固為必然不可抗，不可左右，而亦有目的在。此所以物有必然，事有前定，人生有鵠的，世界非偶然，而此心有著落也；否則偶然而有此世界，偶然而生於此天地之間，將無所是矣。雖然，旣必然而有此世界，必然而為此世界中之一人，前有所定，後有目的，則若不知此必然，幾何不以人意扞格天命，失其周旋，轉成躓礙耶？故認識宇宙人生之必然性乃為透悟存在之第一要義。此一宇宙人生之必然性之天命，卽老莊所謂道者，但此有主宰，彼則不必有主宰耳。故，彼但言一命字，不言天命。天命實含前後二義：前義含世界存在之非偶然，人生非偶然；其後義則含此必然而有的世界中之必然性，此必然而有的人生之中之必然性。前義如前說，後義則就此世界此人生而言天命無不在。然因其所在可分為二：天命有在物者，有在人者。以人物殊性，故命亦殊其態。其在物者乃曰自然律，其在人者乃曰道德律；皆必然不可抗。此皆自前義之天命透下來，合前後二義則始終裏外通一天命。故知得此一天命，始於世界人生全透；否則橫衝直撞，著著扞格，事事牴牾。故知天命卽所謂知道，自此方有修為，然後生命方能如果實之漸熟，終至圓透。然亦惟有知命，然後能受命，不知命則亦不知受也。此是截然人生兩境界。故君子知命受命，順自然律以成物，順道德律以成己。小人則反是。小人不知命而不受也，逆自然律以殘物，逆道德律以殘己。法哲盧梭愛彌兒開卷云：

「凡物初出造物主之手者，無不善也，及其授之人，則無不壞之。」則小人是也。雖然，君子亦有不受命者矣。回也其庶乎，賜不受命，臆則屢中。賜所不受，道德律耳，彼於自然律則固守之矣，故臆而屢中。回則未必全知天命，彼或於自然律直覺得之。然而聖人亦有不受命者，是眞不受命也。其自然律與道德律相牴牾，則寧棄自然律而守道德律矣。蓋自然律統物者也；我，人也，吾寧守吾之人，我非物也。故夫子知其不可為而猶為之。然此雖云不受命（自然律），實亦受之（道德律）。故知命則無不受之矣。

孟懿子問孝，子曰：「無違。」樊遲御，子告之曰：「孟孫問孝於我，我對曰：『無違。』」樊遲曰：「何謂也？」子曰：「生，事之以禮；死，葬之以禮，祭之以禮。」

此即富而好禮之義。蓋富者每不能好禮（生物伸張，禮最礙之），孟孫亦然，故夫子因婉轉告之耳。夫禮者人文之全面肯定是也，苟不能自覺為一人文生命，則禮徒為約束，有力者斯壞之矣。故孝之義，仍從人文全面上說，不拘拘於烏鳥私情，自生物層面上論也。

附釋詞

對：對、答一聲之轉，一語，古同音。此猶之莊子齊物論「荅焉如喪其耦」，荅卽頹字，對之為答，猶頹之為荅也，一例。

孟武伯問孝，子曰：「父母唯其疾之憂。」

此孟武伯爲弟子（父母猶在）時之問答也，故夫子示之如此。蓋少之時，血氣未定，戒之在色；及其壯也，血氣方剛，戒之在鬭。色、鬭皆足以傷身致疾。孝經「身體髮膚不敢毀傷」及曾子易簀「啓手啓足」卽承此一問答而拘執之，誠所謂食之不化，變本加厲。夫愚魯之人，類不能承當義理，鮮不流於形式主義者。夫成仁殺身可耳，何有乎手足哉？

子游問孝，子曰：「今之孝者，是謂能養。至於犬馬，皆能有養；不敬，何以別乎？」

故孝之義超越生物層事。苟但爲生物層事，則犬馬養父母，亦已足矣，夫又何加焉？要人所成立者，爲一人文世界，必至於人文，始足以言人。

子夏問孝，子曰：「色難！有事，弟子服其勞；有酒食，先生饌；曾是以為孝乎？」

夫孝豈禮節而已哉？禮節則末矣，故林放問禮之本。此當自人文之自覺自發上說。

本章與前章義同。

附釋詞

曾：曾卽唐人爭字，宋、元人怎字；曾、爭、怎古今字。

子曰：「吾與回言終日，不違如愚；退而省其私，亦足以發，回也不愚。」

不違者，有能省不能省二事。能省則不違矣。不能省則退而深自思索之，故聞言之初亦不違。以其不違不語也，故似愚；必至省其私，見其能發，方知不愚。

回在孔門自是一格。若他弟子雖不必違如子路，必且累問焉。惟回也能默而識之。默而識之，是以不違，是以如愚，是以能參省以至於發。故回獨爲好學，他弟子非不好學也，惟回獨造之深。

子曰：「視其所以，觀其所由，察其所安；人焉廋哉？人焉廋哉？」

視其動機，觀其手段，察其目的，人自不可揜；蓋夫子講之精矣。若夫君子人者乃無不正，三者之中苟有一不正，則知其非人。

附釋詞

以：以、用一陰一陽。

安：安、依一陽一陰。

子曰：「溫故而知新，可以為師矣。」

此歷史哲學之卓論也。夫歷史可一言而盡也，其爲物不故，其爲狀日新是也。夫即事成知，謂之經驗。然而事隨境遷，苟不能因故推新，則不能與新日相應，則亦無能爲新時代之指導者矣。此夫子加於師字之一嶄新意義，爲前所未曾有。今人每好譏夫子保守，觀乎此，知其不然。孟子以爲時聖，孟軻去夫子未遠，知之悉也。

附釋詞

溫：溫之言𥁕也、醞也。氤𥁕醞釀其故者，而發為新，此固物理事也；人心亦一天地鐔甕已。

故：故，古之動詞字。古、故、舊、久，同音一語。

子曰：「君子不器。」

易曰：「形而上者謂之道，形而下者謂之器。」道以體言，器以用言；君子小人如是比矣。

夫子博學而無所成名，道無名也。君子下學而上達，故不以一技一藝見用也。蓋器乃生物層事，技藝乃生存之資藉，人終當超乎此。君子者，超生物層之名也。

附論

夫器者工者之所以爲也，曰「君子不器」者，猶云君子非百工之人也。故自道器分，心力異用，百工遂卑。亞理斯多德形而上學第一卷第一章論之綦詳。故夫子自釋曰不試乃藝，蓋於此三致意焉；而樊須且不達。故東西應用科學一向不發達，而理論科學遂失所資。夫西洋科學之發達，輓近之事耳，自發見新航路，闢殖民，產業遂興，於是應用科學出，而理論科學繼之。向使中國全土爲歐洲，燕、齊、韓、趙、魏、秦、楚爲英、法、普、奧、荷、西、葡，散一統爲國家，使列國並立，內而爭強國，外而競殖民，則鄭和爲哥倫布，東方之產業革命且早百年，而科學之勃興，沛然莫之禦矣。今人或有以科學之不興爲夫子詬病者，是曲士之見，不明歷史之病也。夫時未至，勢未成，使無孔孟，雖獨尊墨翟，器學抑亦不得而萌也已。故使歐洲爲大一統，諸侯夷爲郡縣，更無所謂民族國家者，則今之羅馬帝國爲今之中國，今之中國爲今之歐洲矣。易地皆然，直是有幸與不幸，大勢所至，夫豈一二人之片言隻語之爲倡者？漢武之黜百家豈是百家皆無狀？夫子之獨尊，未必夫子之必是？亦勢也。

子貢問君子，子曰：「先行其言而後從之。」

人生，一踐履事耳。踐履，行之事也。言說不能成就踐履。言者所以顯行，故言在行後。子貢在言語科，宜有是病。

子曰：「君子周而不比，小人比而不周。」

君子謂有德養之義理人。小人謂無德養之生物人。此截然兩種人類，其差別在一有仁知，一無仁知；一遠於禽獸，一近於禽獸。其周比、和同、義利，固矣。周者，萬物一體，純乎仁；比者，親近疏遠，出乎情。故君子以義周，小人以利比。

子曰：「學而不思則罔，思而不學則殆。」

是應用科學與理論科學相須相養，學與思相待相成也。此之學意與習同，即所謂效也。學而不思則無發明，習焉不察是也。思而不學則無實驗。

附釋詞

罔：罔，今之惘，蓋惘之段；即莊子「其我獨芒」之芒，今人作茫。

殆：殆，不定也。故凡不可捉摸，無著落，皆謂之殆。「今之從政者殆而」，以其反覆無定也。「思而不學則殆」，思終盪盪然無著落也。漢儒釋殆為危，意之耳。漢儒多不識字，往往以意妄臆，近而終不中。

子曰：「攻乎異端，斯害也已。」

異端即是離經。道自有常，是所以生息，離之斯有害已。

附釋詞

攻：攻者，工之動詞字。

異端：子曰「叩其兩端而竭」；兩端者，一常端，一異端。

子曰：「由，誨女知之乎！知之為知之，不知為不知，是知也。」

子路好強，或者強不知以為知，故夫子誨之如此。傳蘇格拉底以自知不知，神許為希臘之最賢者。蓋世界乃吾人認識之所對，萬物森然紛然，其在吾人之認識上宜分理之。然則萬物當理之爲二：其一吾人之所已知者，其一吾人之所未知者。此卽吾人對世界之全部認識也。知亦一認識，不知亦一認識；是知之義也，是認識論上之全了。故不知亦是一必要之知。

附釋詞

誨：誨、勉一語。在力為勉，在言為誨。誨者以言勉人也，直釋為教則非。

子張學干祿，子曰：「多聞闕疑，愼言其餘，則寡尤；多見闕殆，愼行其餘，則寡悔；言寡尤，行寡悔，祿在其中矣。」

別無處方，仍是一本做人。夫人以見聞長知，亦以見聞蓄德。疑殆之闕，學者之所當愼。聖人言語，自細密周到。

附釋詞

疑：疑者，兩可兩不可之際。

殆：殆，不定也，其是非然不然特未定也。

哀公問曰：「何為則民服？」孔子對曰：「舉直錯諸枉，則民服；舉枉錯諸直，則民不服。」

宜問爲人君當如何自盡，不宜單問服民。服民多端，此特舉枉直者，亦箴對所病耳。

季康子問：「使民敬忠以勸，如之何？」子曰：「臨之以莊則敬，孝慈則忠，舉善而教不能則勸。」

小人（民）難養，故臨之不能無威儀。蓋彼不明義理，不知人倫（人文），不知親親尊尊之等殺，內心全無嚴肅感，無約束，非威以鎮之，莊以自閑，必見輕狎，此所謂賤也。此是過去人類之一大患，其在今日教育普及，人智已開，此患漸微矣。

勸者，今語所謂鼓勵或自動也。

或謂孔子曰：「子奚不為政？」子曰：「書云：『孝乎惟孝，友于兄弟。』施於有政，是亦為政，奚其為為政？」

此言教育事業亦等於政治事業。教人子弟使知孝弟，不啻爲人羣活動立一可能基礎也。此大學修身齊家說所本。然大學所謂家，乃指大夫之采邑，非庶人之家。

附釋詞

友：友、為（去聲）一語。友者為也，為者衛也；相為相衛，則友之本義。

子曰：「人而無信，不知其可也；大車無輗，小車無軏，其何以行之哉？」

自古皆有死，民無信不立。舉輗軏爲喻者，明信爲立世關鍵所在。

附釋詞

信：信、眞古同音。儒家作信字，道家作眞字。眞心待人之謂信。早期之信字後期轉為中庸之誠字，其義亦轉深。

子張問：「十世可知也？」子曰：「殷因於夏禮，所損益可知也；周因於殷禮，所損益可知也；其或繼周者，雖百世可知也。」

此言人文之本質性，之自體性；故雖百世其可知。夫子於人之一字，把握至眞切，前人無一及此者。夫歷史雖有因襲，使歷史而無一本質性自體性在，則其因襲雖隔代不可知。今之存在主義言存在先於本質，則不可知矣。今有一種子焉，如知其爲某草本抑某木本也，播之必可預知其形態。人之形態之發展，固未至於盡，然天知之甚審。人雖不得自預見，要爲一本開出則可知者。故知人本則終始可知。歷史哲學只由此講去。

附釋詞

夏：華、夏一語，華濁去，夏亦濁去，其間但差一介音。華、夏古或並讀如戶。

禮：禮即今語所謂制度也，然此包括人文之全面全體。蓋其出於仁則謂之禮，其出於生物則謂之制。

子曰：「非其鬼而祭之，諂也；見義不為，無勇也。」

鬼者，其先也。非其先而祭之，是猶呼非其父者爲父也。夫人豈不識其父，不辨其先乎？人辨之審矣，乃必至於不辨者，何哉？曰此無他，權勢所在，利之所趨也。知當時三家者祭其先，則必有非其後而亦與祭者矣。苟非其後，睍而不視。然而且與祭者，無恥之甚。

見義不爲，私害之也。私也者，生物之生存本能也。生存本能者，無他，趨利是也。利之於義則有間矣，此人禽之辨之所在也。人之於利也亦勇矣哉！誰曰無勇乎？此曰無勇者，謂無義理之勇耳。

此舉二反照，或不當爲而爲之，或當爲而不爲。凡見小人之出禽獸不遠，尙滯生物世界，未能臻乎義理世界也。義理世界非他，眞人世也。

附釋詞

勇：勇有生物之勇，有義理之勇。生物之勇，勇於逐利；義理之勇，勇於就義。常人皆生物，是以見義不為，以其無義理之勇故。

八佾第三

孔子謂：「季氏八佾舞於庭；是可忍也，孰不可忍也？」

夫禮出於仁，此所謂壞禮，是不仁，是於尊尊親親皆所不能，則整套人倫都不能入，扣不上人文生命，亦自非人文生命，在人倫中橫衝直撞，圈不住，如一頭野獸，所至破壞，好一段人文，撕成碎綢爛錦。三家盜跖，及夫所謂小人女子，皆是，而鄉原則稍愈於此，爲彼似之而非有意壞禮也；然皆不在人倫中，未現人文生命。

附釋詞

忍：忍，今所謂硬心腸也。夫子則美之，彼直無此心，更何所忍哉！

三家者以雍徹，子曰：「『相維辟公，天子穆穆。』奚取於三家之堂？」

說同前。

子曰：「人而不仁，如禮何？人而不仁，如樂何？」

不仁則非人文生命，則與禮樂不相干。如必爲禮樂，是直似猨猴而衣冠耳。故夫子曰：「禮云玉帛云乎哉？樂云鐘鼓云乎哉？」是猶「人云衣冠云乎哉」也。猨猴雖衣冠，其生命自不相値也。此言其生命不相値。

附論：存有之三文

夫萬有莫不有文，物有物文，謂之天文，生物有生物文，謂之地文，獨人出此二文之上，曰人文。故存有有三文，無相通假也。故物冒天文而不得假冒地文，生物冒地文而不得假冒人文。本章言以生物假冒人文，其生命自不相值。人而不仁，則一生物耳，自與人類歷史文化不相値也。

附釋詞

不仁：不仁猶云無人性。

禮：禮者，仁之儀。

樂：樂者，仁之聲。

林放問禮之本。子曰：「大哉！問。禮，與其奢也，寧儉；喪，與其易也，寧戚。」

凡事流則失本，尋流者當循其本。禮之流也久矣，故禮已失所本，今林放欲循之，故夫子大之。禮之本在仁。仁者，禮之質也。今之禮具文而無質，則與其取徒文也寧取徒質。

附釋詞

易：吾鄉今仍謂鋪張曰奢易（chhia $i\bar{a}^{n}$），蓋古之遺語也。本章奢易互文。

子曰：「夷狄之有君，不如諸夏之亡也。」

君者，人倫之樞機，乃人羣秩序之所繫。此義至重大，此爲君之積極意義；而其負面往往流爲神器，爲人羣之禍根。

此言夷狄無禮尚且有君，諸夏有禮乃反無君；蓋深慨諸夏人倫之解體無繫也。

本章句解，當從朱注；邢疏不達義理。

附釋詞

諸夏：王權失尊，諸侯分崩，故曰諸夏。夏卽華。中國凡有四稱：以聲威之大，上古取於夏——今曰華，中古取於秦若漢，近古取於唐。

季氏旅於泰山，子謂冉有曰：「女弗能救與？」對曰：「不能。」

子曰：「嗚呼！曾謂泰山不如林放乎？」

原夫季氏本意，亦非欲致其誠於岱神者。此所謂虛僭。僭有二：有實有虛。虛僭者，俚語所謂乾過癮也，八佾舞庭、雍徹皆如是。世之僭，類多虛者，比比皆是；然此卽田和之漸也。

子曰：「君子無所爭，必也射乎！揖讓而升，下而飲，其爭也君子。」

此非爲其揖讓之文也，爲其失諸正鵠，反求諸其身也。凡爭皆在外，皆以引其惡。此在內，適足以成其德。爭本惡名，此得善實，故夫子道之。

子夏問曰：「『巧笑倩兮，美目盼兮，素以爲絢兮。』何謂也？」子曰：「繪事後素。」曰：「禮後乎？」子曰：「起予者商也！始可與言詩已矣！」

仁質禮文，禮固後也。然禮流已久，遂更不知有本，乃一若禮卽本者。夫習焉不察，皆當時之通病也。子夏一語道破，夫子亦恍然如始覺。蓋夫子深歎周文，亦久執文而遂迷其質，逮夫林放一問本，始若有所感。然亦止若有所感，一時仍未能幡然，觀其答林放問語可知。及至子夏一語剔出，始大感動，因警醒而歎曰：「起予者商也！」商之一語，眞警策！

附釋詞

起：起猶今語提醒也。

倩：倩，今作綮。

子曰：「夏禮吾能言之，杞不足徵也；殷禮吾能言之，宋不足徵也；文獻不足故也，足則吾能徵之矣。」

周監二代，故二代禮之大意自可言也。顧杞、宋多所喪亂，其細節不可得而證。夫子自少陳俎豆，設禮容，長而爲馳譽國際之禮學權威，故有是言，憾之也。

子曰：「禘自旣灌而往者，吾不欲觀之矣！」

爲其不合禮也。

或問禘之説，子曰：「不知也。知其說者，之於天下也，其如示諸斯乎？」指其掌。

中庸曰：「明乎郊社之禮，禘嘗之義，治國其如示諸掌乎？」蓋謂知禮之序，於天下瞭如掌紋之所示也。此兩章蓋言其僭越倒亂。

祭如在，祭神如神在。子曰：「吾不與祭，如不祭。」

如字吃緊，如與實則有間矣。蓋鬼神之爲物，非可徵實，故子曰「敬鬼神而遠之」，以其如也。如者不必有，乃意存之而已。吾母謂人三魂，日入後遂憩歇於指甲間。故吾自幼入晚乃不剪指甲，至今猶爾。雖夜見指甲已長，必待天明乃剪之；蓋意存之而不能釋。此則所謂如也。然止此存意便自是一段嚴肅。此則所謂敬也。要人生天地間，莫非敬之所在；即對天地之嚴肅，對萬物之嚴肅，對生命之嚴肅，對自我之嚴肅，對所謂存在之嚴肅也。夫豈止對鬼神而已哉？雖然，乃必執鬼神而實之，是則民之愚妄，臧文仲之不知也；是則並如之敬而無有矣，以其無此一段意存也。故誠則天地在，鬼神在，萬物在，生命在，自我在；其不及於誠，則舉一切皆不在矣。如之義大矣哉！故天地萬物，舉在一心中，意存之則存，意不存則亡。故不能存意，則天地止是一糟粕之天地，萬物止是一糟粕之萬物，人生止是一糟粕之人生；雖玲瓏滿目，悉皆無有也。此義近而極遠，淺而極深，卑而極高。善會之都在眼前，不善會之，終不可企及。

王孫賈問曰：「與其媚於奧，寧媚於竈，何謂也？」子曰：「不然！獲罪於天，無所禱也。」

天，卽命也。獲罪於天，是違命也，其違自然律，則不可活，其違道德律，則爲禽獸。道之行不行皆有命在，苟爲違命，尤不可致。且君子內直承天命而已，又何所禱哉？

附釋詞

奧：奧，本字宛。

子曰：「周監於二代，郁郁乎文哉！吾從周。」

二代者夏商也。夫子言禮，上止於夏，曰「夏禮吾能言之」，曰「行夏之時」，而未有出夏之上者。然又盛言堯舜，而言禮則獨不及，何也？以堯舜乃出理想之託古，非實事也，而言禮必據實事。故空言則上及堯舜，實據則止於夏。蓋歷史雖猶可虛造，禮制則無可杜撰也。且禮制起於王朝，夏后之前，乃部落時代，小國寡民，至不文也，其鄙陋自無可舉。周監二代，自有王朝以來，不下千年，遂盛於周。此亦文明進化之公例，荀子所謂「欲觀聖王之跡，則於其粲然者矣，後王是也」。雖然，周之文固盛矣，乃水流則遠源，事流則失本。文之盛在周，文之弊亦在周。

周監二代，監讀如殷監不遠之監。故殷制兄終弟及，周則父傳子。周文蓋有監二代而補其失者。其大端卽宗法封建是也，及夫附麗於宗法封建之禮樂文物，卽夫子所謂郁郁者也。夫自二代以來，止親親一義，周之所監，遂因親親而立尊尊，以親親隸諸尊尊。故尊尊一義，周文之樞要也，凡周文皆爲此設。故禮運曰：「禮者，君之大柄也。」（周公制禮之意，厥在維護政權。）親親尊尊之義，固皆出人性，孟子所謂「親親仁也，尊尊義也」者是也。雖然，此有兩難：仁義固根於人性，然苟非豪傑之士，不必皆能盡性踐形，恪守〔親親〕尊尊之義，三家者是也；此下之難也。且夫尊者未必尊，幽厲是也；此上之難也。故上下交難，尊尊之義或不能立，而至於流爲虛文矣。故孟子承周文之弊，乃倡爲天爵之說，示惟此有絕對；而天子一等，人爵固皆相對者也。故周文之流也惟成一名。故孔子言正名，荀子且全篇論之。二子者皆承周公本意正面發之，而道家乃反之，彼則反人文也。墨亦反之，彼則不及此。然今之恆言曰「名利」，名卽此名也，卽禮之位，尊尊之等也。故老子開卷則曰：「道可道非常道，名可名非常名。」劈頭便以道名破，道以破仁義，名以破禮文。故苟禮義不能自性中發，雖周公之才之美，周文之郁郁，且不免於流矣。禮記經解曰：「夫禮，禁亂之所由生。」乃及其流也，遂爲亂之階。

附釋詞

郁郁：郁郁、鬱鬱、蔚蔚一語。先秦書不同文，多同語異書。

子入大廟，每事問。或曰：「孰謂鄹人之子知禮乎？入大廟，每事問。」子聞之曰：「是禮也。」

以夫子素以知禮聞。人以爲知則盡知，不知夫知之無全者無盡者。故夫子之言曰：「知之爲知之，不知爲不知。」

附釋詞

孰：孰、誰古同音。

子曰：「射不主皮，為力不同科，古之道也。」

此猶驥稱其德，不稱其力也。

附釋詞

主：舊注以主為主於貫革，文義不可通。若然則主之下皮之上，當闕一字。愚謂主叚為注。注者，著也。射不必皆著皮。如此文義始順。

子貢欲去告朔之餼羊。子曰：「賜也爾愛其羊，我愛其禮。」

言欲去，非眞能去也。子貢非有司，此但爲師徒間之議論耳。愛禮之義大矣，子貢自不能及此。然子貢非眞愛羊也，爲其徒具之無謂耳。夫子之愛禮者，爲倫體也。倫體者，人類之體也。人類之成體乃在於禮，非禮則人類不成體。斯義大且深。少年志狂不更事，且不識荀卿所謂「先王之統」者，往往目爲虛文而欲捨棄之。且此失其實質，故子貢更謂其虛而欲廢置之，皆不知體統之弊也。〔至如楊（卽莊周）墨之反禮，一坐知天不知人，一自生物；墨翟一生物人耳，彼直折衷生物而已，亦不知人也。〕

子曰：「事君盡禮，人以爲諂也。」

夫仁者人之質，禮者人之文，君子因質服文。彼人者自生物利害，因以爲諂。

定公問：「君使臣，臣事君，如之何？」孔子對曰：「君使臣以禮，臣事君以忠。」

夫倫體卽一禮體，君使臣事，皆禮內事，卽乃一禮的意義，此卽諸夏之文明體也。若在夷狄，倫體未成，君使臣事，乃一生物事，爲一利害的意義。故在諸夏則君使臣以禮，臣事君以忠，非爲生物利害也。其在夷狄則君臣使事皆生物之勢，君使無禮，臣事無忠。蓋自春秋以來，諸夏禮壞，幾同於夷狄，君而不君，臣而不臣，而昭公出奔，定公繼之，茫然無以知其何以至此也，因問其由。「臣事君以忠」，亦猶上章「事君盡禮」，君臣皆盡禮而已。蓋在禮中故君以尊臣以卑，一出禮外，則君而失所尊，臣而失所卑，有之，生物之勢而已。故君而禮，臣而忠，君臣皆盡其義耳。

子曰：「關雎樂而不淫，哀而不傷。」

夫子深於詩者也，其言詩無不中。關雎，盛世之詩也。盛世之治，上下各得性命之正，故得不淫不傷。若夫衰世之末，性命失正，或桑間濮上，或曠怨差時，雖欲不淫不傷，不可得也。今人云文學反映時代，信然。

關雎當是頌王者婚典之詩。

附釋詞

淫：淫、浸、漸一語。淫字無聲，當屬影母，不屬喻母。淫、浸、漸並漫也。

哀公問社於宰我，宰我對曰：「夏后氏以松，殷人以柏，周人以栗。曰：『使民戰栗。』」子聞之曰：「成事不說，遂事不諫，既往不咎。」

周人自公劉始東窺殷王朝版圖，一面充備其原始武力，一面吸收殷商文化，其處心積慮，蓋經歷數代。至文王已爲西伯，故武王一舉翦商，遂奄有天下，非偶然也。其事一如馬其頓之征服希臘，野蠻人之征服文明人，乃歷史之公例也。夫文盛者武必衰，殷商以極盛之文明而遇挾其原始武力之周人，宜其不敵。然周人出一偉大的政治家周公，乃監於二代，遂爲宗法以固內，爲封建以鎭外，周之子孫，苟不狂惑者，莫不爲天下之顯諸侯，立七十一國，姬姓獨居五十三。故克商以後，遂全面改造歷史，施高壓政策。宰我謂其使民戰栗，非妄說也。蓋此爲既往遂成之事，故夫子亦默認之，但云過去之事無可挽救，諫說追咎俱無用耳。故子貢亦謂紂不如是其惡。獨孟子不識，反以血流漂杵爲不可信。不知牧野之戰，乃民族生存之戰，非如日後換朝代已也。孟子固疏於史實者，蓋於周人改造之僞史，信而無疑，遂爲其所蒙。而事之尤乖謬者，無如以箕子爲武王陳洪範。揆之民族生存競爭之史實，斷無是事。凡此皆周人之改造變易，其得殷王朝版圖後之處心積慮，與東窺時猶一也。其樹社以栗，豈無故哉？朱熹謂三代以後，皆把持天下；實不然，把持天下蓋自周人始。

弟子中以宰我、子路爲最天眞，衝口而出，一無掩飾；子貢次之，其餘或愚或魯，或辟或侫，或賢過之，故或不能眞，或不及眞。

子曰：「管仲之器小哉！」或曰：「管仲儉乎？」曰：「管氏有三歸，官事不攝，焉得儉？」「然則管仲知禮乎？」曰：「邦君樹塞門，管氏亦樹塞門；邦君爲兩君之好有反坫，管氏亦有反坫。管氏而知禮，孰不知禮？」

君子不器。子貢爲瑚璉，管仲亦是一器，且非大器；是皆非君子也，才士也夫！其實管仲之器不小，此憾之也。然而其未至於不器者，以其用才也。君子不以才藝行，故爲不器，君子以德行。

子語魯大師樂曰：「樂其可知也；始作翕如也，從之，純如也，皦如也，繹如也，以成。」

古樂不傳，然賴夫子此語，知其正合西洋交響曲四樂章之發展。盛哉！備矣！其粲然大觀，可以想見。余甚憾後世雅樂之衰，遂使禮樂之邦，若始則無樂然。

儀封人請見，曰：「君子之至於斯也，吾未嘗不得見也。」從者見之。出曰：「二三子何患於喪乎？天下之無道也久矣，天將以夫子爲木鐸。」

斯人可與夫子差肩。蓋聞達並有命，夫子聞而不達，斯人且不聞，皆命也。一語道出夫子之在中國萬世史之使命與地位，自當時至於千載而下，評夫子者，未有如是之警策者也。蓋於天之生民，生民之本質及夫人類之路向，整個歷史文化有全盤透徹之認識者也。夫時人之謂夫子者類見乎小，曰「何其多能也」，曰「博學而無所成名」，曰「多聞而識之者」，曰「知禮」。評者多矣，讚者多矣，而皆自夫子之才能學識上說，未有一能就夫子之所道以肯定其爲人類歷史文化之正路而認許之，爲夫子之眞知己者。木鐸兩字，一語雙肯定，肯定夫子亦肯定歷史文化；一語兼遮表，遮捨此非道，表惟此爲道。蓋一得道者也。

子謂：「韶盡美矣，又盡善也；謂武盡美矣，未盡善也。」

韶，舊傳以爲舜樂；然舜去孔子約千七百年，疑難於流傳如此久遠。但若以爲韶濩，則湯去孔子亦約千二百年，亦不能如此久遠。疑皆非。意者歷代皆有韶樂。韶者，紹也，所以頌歌紹述創業之樂也。則周亦當有韶樂。周之韶，蓋紹文王之樂也。故韶武並舉。武之未盡善者，以有干戈之音也。武固不及文矣。

子曰：「居上不寬，為禮不敬，臨喪不哀，吾何以觀之哉？」

上以寬為德。天地之大，包萬物，故寬。對終始歷史文化，對現存有，故敬。孝思，故哀。其不寬、不敬、不哀，是無上之道，故無可觀。

里仁第四

子曰：「里仁為美，擇不處仁，焉得知？」

夫子不輕易許人於仁。仁之難求於一人一身，況於一里乎？故知此所謂仁，如「苟志於仁矣，無惡也」之仁，是就其定向言之者，非謂世眞有里仁者也。

子曰：「不仁者，不可以久處約，不可以長處樂。仁者安仁，知者利仁。」

此舉三種人格：一、仁之一格，二、知之一格，三、不仁之一格。仁者自仁直透出以踐形；知者自知反照以踐形，未透；不仁者無所踐其形，直不得謂人，本不可謂人格。此是就既成人格以別之，得三品。非謂天生有此三品也。故或率性成道而成其仁體，或雖未率性成道未成仁體，然以知而知其當然；或既未率性而未成仁體，且亦無知體，故不免爲禽獸。故此所謂仁者，乃成就道德主體之人；知者，乃成就認識主體之人；不仁者，則並道德主體與認識主體而亦未成就者，是直新品種之動物耳；以其無仁、知也。人之所以爲人者，內在之則有仁知，外在之則有人文，此無之，故不得謂爲人。仁知並自性中出。仁則謂性，知則不謂性，非外之也；蓋言性當自踐履上說，知則非踐履之自體，故不謂性也。仁者自道德主體行仁，故曰安；安者行所無事，一任自然流露也，無窒礙，不著一毫意識，所謂從容是也。知者自認識主體知解仁之爲人生本原，天地本德，因以行仁，故曰利。凡知解的則曰利。利者，知解之行是也；蓋知之照灼義理，猶刀之剖析萬物也。不仁者則以無仁體無知體，約亦不可，樂亦不可。然而知者之利仁，苟自認識主體出，則亦只由認識主體出，與道德主體卒不相涉。苟欲求其不由利而爲安，仍須自道德主體上來。

子曰：「唯仁者，能好人，能惡人。」

好惡出於情者也，是情之事也，是莊子所謂人者。若夫仁則是天矣，所謂照之於天也。然此夫子假通語爲說耳，必以好惡言，則終是情之事。若夫仁則超越人情，純就本體觀照，所謂嘉善而矜不能，自不落好惡情趣也。此言價値基準，須是出於形而上，爲一形而上之絕對依據，夫如是方有其客觀普遍性。仁體卽是本體，此爲一形上絕對基準。否則凡百人情，莫非形下之相待。故鄉人皆好必察，皆惡必察。蓋積相待至於一鄉，猶是相待，質量不通變也。

子曰：「苟志於仁矣，無惡也。」

旣望長安而進矣，自在長安道上也，故曰無惡。仁體本具，此曰志者，以仁體未現，故有等於無，似在外。志字有似今語信仰。此以信仰行之，並知者利仁，皆是荀子所謂僞。

子曰：「富與貴，是人之所欲也，不以其道得之，不處也；貧與賤，是人之所惡也，不以其道得之，不去也。君子去仁，惡乎成名？君子無終食之間違仁，造次必於是，顛沛必於是。」

陽貨曰：「爲富不仁，爲仁不富。」雖小人之言，亦有偶中於聖人之語者。全章只在言貧賤困頓爲爲仁之歷鍊處，故其總語曰「造次」曰「顛沛」；孟子所謂動心忍性，亦是此意。

附釋詞

造次：造次，猶行旅也，引申為流離之意。

顛沛：沛，簸之段，引申為坎坷之意。

子曰：「我未見好仁者，惡不仁者。好仁者，無以尚之；惡不仁者，其為仁矣，不使不仁者加乎其身。有能一日用其力於仁矣乎？我未見力不足者；蓋有之矣，我未之見也。」

夫子之門，若顏子閔子皆好仁者，何謂未見也？好仁乃第一等好事，惡不仁抑其次與？其爲仁矣者，猶之爲仁已也，言可比於好仁者矣。蓋仁之一字，乃凡人之所固有，本當生知安行，好惡當出不能自已，是以不患力不足，而患不用力耳。然而世固不爾也，故夫子曰未見云云，深歎之也。然此亦可見夫子哲學形態之素樸原始，但求其是，而不問其非，只見得此一形上根據的仁當下在，故只求循此行去，更不問其何以不行也？此至孟子以後始發之，謂之大體小體。而荀子發之尤力，至謂性惡。然在夫子當下便是，乃不問其他。此固最爲原始，而亦最健康，最簡易。大抵，世愈古，道愈樸，緣其直截少隔閡也。故夫子止點個仁，孟子更點個善，便是一隔，荀子點出個惡，人心中更是換了主人，愈說愈非，何止於隔？故止說得他一個仁字，直接喚醒，便是光天化日，那阻礙遮蔽，不說也罷，說了更添許多雲翳陰霾，彷彿說與人，心中另有一本，此則如以扇滅火，反添其燄。以今心理學話語出之，乃成反面暗示，收反效果也。故但令直接發將去，便自涓涓而出，終至滾滾而流，沛然莫禦。

子曰：「人之過也，各於其黨；觀過，斯知仁矣。」

斯知仁者，知仁不仁也。賢者過之，不肖者不及，各於其類也。

子曰：「朝聞道，夕死可矣。」

曰可矣者，謂無憾也。道，謂義理。人能自生物世界破殼而出，置身義理世界，則不復爲禽獸，不復止在生存本能中打轉。既脫得此一動物身去，便是個堂堂的人。得不死爲禽獸，夫有何憾？此言自知體認道，以翻出生物。蓋人生實多由知體進，惟其由知體進故有學，苟爲仁體則不待學。知體之進，謂之學知；仁體之現，謂之生知。人生精進，只在學，故人生畢竟是知的事。人生有兩行，有仁的一行，有知的一行。通常只是知的一行。雖有兩行，也要歸在仁，或安仁，或利仁，其爲仁一也。仁則超生物矣，仁則人矣。人則我事了，故可以死。我之猶不免爲禽獸，則不可以死。故彼時則曰：「假我數年，五十以學，可以無大過矣。」是知體且未透，則焉可死也？及至數年後，大道已曉，知體光明透澈，利仁之至，則曰：「可以死矣！」故人之完成，或有生知仁體直透者，有學知知體透而至於仁者，及其仁也則同於完成焉，其完成則曰人。其未到此則不免爲禽獸，則死不能無憾。

附論：知之地位及其作用

知之地位及其作用，此係一大問題，孔孟仁學，半繫於此。此非本注範圍，要當爲專書討論。此約其大意爲三點，備讀者之參考焉。一、天賦人以仁，又假知以全之。此義有二：一假知以去惡，仁不能去惡也，仁無去惡之力；二假知以通於仁且以豁醒之。此知之地位及其作用之第一要點。其次知爲生物人之生物資藉，此義亦極重要，此則與仁無干。其三、知亦有其純粹自體性，人類之純學術成就皆此義之知爲之。此亦與仁無干，初與生物事亦無干。然無論知有多層地位及作用，知畢竟是人的知，故終歸攝之仁，此卽一切總於仁之人的意義。讀者最當會得此。

子曰：「士志於道，而恥惡衣惡食者，未足與議也。」

道與衣食爲二事，志在彼則不在此，今在此，宜不足與議矣。蓋義理世界與生物世界乃二界也。

子曰：「君子之於天下也，無適也，無莫也，義之與比。」

君子之於天下也，惟義所在。君子喩義，此之謂也。義卽權也，君子之權稱也，君子之處盡天下事而無不當者，以此。

子曰：「君子懷德，小人懷土；君子懷刑，小人懷惠。」

君子以德爲土，小人植身命於百畝，君子乃植之德。君子念念於一已人格之塑立；刑，讀如刑於寡妻之刑。小人乃念念於利。

附釋詞

刑：舊作政刑之刑解，不似夫子之言。

子曰：「放於利而行，多怨。」

夫利，生物世界之所主也，其本身卽含一爭奪性，怨自不免，怨甚者且殺身，固也。

附釋詞

放：莊子天道篇「放德而行」，與此章並讀如詩漢廣「江之永矣，不可方思」，莊子山木篇

「方舟而濟於河」之方。方，放之叚。舊傳以方為並舟，非。方者，放也，下舟也，卽今航字。

子曰：「能以禮讓為國乎？何有？不能以禮讓為國，如禮何？」

諸侯失國，大夫失家，士失身，庶人喪生，同一事也。

子曰：「不患無位，患所以立；不患莫己知，求為可知也。」

孔門多熱中者，非眞爲道來也。謂爲第一所政治學校可也。顏淵、曾點其爲別科矣。

子曰：「參乎！吾道一以貫之。」曾子曰：「唯。」子出，門人問曰：「何謂也？」曾子曰：「夫子之道，忠恕而已矣。」

夫子之道一，仁是也。曾子乃不能直握本體，遂執形跡，誤以爲方法，自方法論上說之，舉忠恕，忠恕二。參也魯，不能直傳夫子之道，其所成第一形式主義耳。其能發揮夫子之道者爲孟子，而荀子非十二子云「子思倡之，孟子和之」。故夫子眞傳厥在乃孫。荀子或有所本。

蓋門弟子支離，故有是言。夫子數言不多，亦以此語告子貢，皆爲支離說也。

附釋詞

門人：凡稱門人，皆孔門再傳弟子，當時自子貢、子路、曾子皆收徒教授。

子曰：「君子喻於義；小人喻於利。」

義利之辨，卽君子小人之辨，卽人禽之辨。夫自生物本能行之，所爲不出求生一事。生事有二：一、個體生存，二、個體之延續；此卽食色二事。食之言，照顧自己，色之言，照顧下代，而要歸乎求生。生之謂利，不生之謂害。凡生類皆趨利避害，故生事是一利害世界，而亦止於利害世界。一般生物是一赤裸的利害世界，赤裸的食色。其在人類則不然，人類之求生自始卽爲一非赤裸的利害世界，非赤裸的食色。惟赤裸的食色，乃爲赤裸的利害。人類之於食色也步步抽象之，層層抽象之。首抽象之爲富（爲貧），又抽象之爲貴（爲賤）；其每一抽象，則於食色益固。中庸云：「武王纘大王王季文王之緒，壹戎衣，而有天下，身不失天下之顯名，尊爲天子，富有四海之內，宗廟饗之，子孫保之。」是食色抽象之至極者，而亦食色之最固者。故項羽曰「彼可取而代之」，劉邦曰「大丈夫當如是也」；此生物生存本能至高之代表也。故富貴名譽權勢，皆利也，是生物之所同求者，第幸人類有知力，乃能獨造乎其極耳。故自天演以來，惟人類獨昌者，職是故也。此則爲生物世界，生物層次，在此一層次，雖並人類而謂爲禽獸可也。故衆之所同趨，富貴名譽權勢，萬人同一面目，吾因統名之曰「張三」。夫名者所以別也，今萬人同一面目，是無可別也，則何煩二名？故張三者，小人之謂也，禽獸之謂也，吾又名之曰一隻人，非一個人。隻與個則有辨矣，此卽義利之辨也。故人之自隻而臻於個，必須自利害世界生物層次，躍出而企於另一世界，另一層次，此卽義理世界，人類層次或超生物層次也。至此而不講利害，不講生存，但講義理。蓋人與一切生物所同者生也，所異者性也。一般生物有生而無性，惟人類而有性。一般生物以本能而生存耳，更無性在也。人則就其爲一般生物而生，則亦以本能（食色）行之，而其以一人類而生則必生於其性。性者人性也，人外無性。性者仁也，仁者以天地萬物爲一體，本之天。一體之謂仁，一己之謂利。一體故不言二己之生存，不言二己之食色利害，謂之超生物，蓋超越生物之生存本能也。故其性卽仁也，其理卽義也，義者仁之理也。生事，辨其利；仁事，辨其義。辨利之極，爲帝爲王；辨義之極，爲聖爲賢。此截然二世界。以人言之，在此則爲大人，在彼則爲小人；以類言之，在此則爲人類，在彼則爲禽獸。二世界固截然爲二層，而要歸其所在則同此一天地，同此一實存世界，第以性遇之，則爲義理世界，以生遇之，則爲利害世界耳。且利害世界者，雖自存於物類而不明，乃假知力而後明，而於斯爲烈。此其故，義利之辨益不可不嚴也，辨則爲人，不辨則爲物之厲，爲尤物。

子曰：「見賢思齊焉，見不賢而內自省也。」

必其心好德，始有發起處，此爲好德者指點進德之方。苟心無所好，視而不見，將無思省也。

子曰：「事父母幾諫，見志不從，又敬不違，勞而不怨。」

父母子女是一絕對之勢，此是一大問題，亦是一大悲劇，儒家倫理，於此往往無可奈何。此處夫子拈出一個幾字，此如易「見幾而作」，乃是見幾而諫，父母亦不覺其諫，故見志不從，亦只自見，父母不見也，是以其敬不變。

子曰：「父母在，不遠遊，遊必有方。」

父母在本不當遊，此亦一大問題。然苟大義所在，區區私情，自不得不割，是亦人間一悲劇。

子曰：「三年無改於父之道，可謂孝矣！」

重出而逸其半。

子曰：「父母之年，不可不知也；一則以喜，一則以懼。」

人間一切皆可力求，獨年壽不可必得，此則所喜，而亦所懼。蓋影愈長則日亦愈晚也。

此又爲人間之最大悲劇，最莫可奈何。

子曰：「古者言之不出，恥躬之不逮也。」

古人信實。

子曰：「以約失之者，鮮矣。」

約則生物本能降至最低限度，故彼生物人不堪。故曰：「不仁者不可久處約。」故約者所以抑制生物本能而爲入德之門者也，自此仁體始得漸呈現。故未有不約而能入德者，夫生物伸張，性體蔽矣。

子曰：「君子欲訥於言而敏於行。」

世界是一行之範疇，生事莫非行事，生命卽是一串行動。言所以表行，無行則無言，敏訥相照，本末輕重審然。

子曰：「德不孤，必有鄰。」

只爲德孤，故有是言。其曲彌高，其和彌寡，初不惟藝術生命爲然也，義理生命尤是也。蓋自生物層次向上一轉，以及於超生物層次，實費乾坤一大氣力，此是天演中最後最高一級，其孤必矣。

附錄

荀子王制：「水火有氣而無生，草木有生而無知，禽獸有知而無義；人有氣有生有知亦且有義，故最爲天下貴也。」

子游曰：「事君數，斯辱矣；朋友數，斯疏矣。」

此是生物層次話頭，非義理世界中語也。儒門中多是等言語，與老子無異，吾甚鄙之。

公冶長第五

子謂：「公冶長，可妻也，雖在縲絏之中，非其罪也。」以其子妻之。

緩言之爲縲絏，急言之爲隸，隸之一語固自縲絏一語來。周官有五隸，文選司馬子長報任安書李注引韋昭云：「善人以婢爲妻，生子曰獲；奴以善人爲妻，生子曰臧。」公冶長蓋在隸籍，故夫子謂非其罪，苟在獄中，豈能無罪？舊注皆非。

雖然，夫子以其子妻公冶長，疑另有用意。人無天生之貴賤，天爵重於人爵，夫子有教無類，正是此意；而其妻公冶長，則尤進於教矣。故人之重王謝門第者，皆棄於孔子者矣。

附釋詞

謂：謂者，如今之評論。

子謂：「南容，邦有道，不廢；邦無道，免於刑戮。」以其兄之子妻之。

邦有道，不廢，言其賢；邦無道，免於刑戮，言其智。然而其如嵇叔夜者，未知夫子亦妻之乎？吾則寧愛悲劇人物。大抵悲劇人物都帶藝術氣質，每不堪汚濁。故自藝術境界以視聖人，聖人亦不異俗人也。是以興致高昂，曾晳鏗爾一聲，一時熱意頓消，曰吾許點也。夫仁民愛物是出於性分中之仁而不容自已者也。然而苟至於無道，度不能有爲，則亦可以死，乃必忍其死，而呼吸汚濁，不亦鄙乎？此吾故尤愛悲劇人物，而有憾於聖人之智教也。然此中正自有承命之嚴肅意義，孟子曰「莫非命也，順受其正」，刑戮、枉死、自殺，皆違命也，皆不得其正。

子謂：「子賤，君子哉若人！魯無君子者，斯焉取斯？」

所謂周禮盡在魯，一脈文統，沿此而下，遂及於千萬世，宜其彬彬多君子也。

子貢問曰：「賜也何如？」子曰：「女器也。」曰：「何器也？」曰：「瑚璉也。」

君子不器，此器之，明子貢不及子賤。子貢在言語科，而又貨殖，是直以才用。用才卽是器。才者，材也。須是在德，方不爲器。德，道也。道器以才德分矣。

或曰：「雍也仁而不佞。」子曰：「焉用佞？禦人以口給，屢憎於人。不知其仁，焉用佞？」

仁者其言也訒，仁固不佞也，或人之言是已。雖然，顏淵三月不違仁，雍恐不能過之，仁之難也。

子使漆雕開仕，對曰：「吾斯之未能信。」子說。

使民如承大祭，大祭失禮，無所害，爲政失策，禍及百姓，雖聖人亦當怵惕臨懼，乃子張學干祿，方之此，不啻雲壤，豈能不悅？」後世之從政者，其皆子張之徒與？其有一漆雕子者，民可免害矣。

子曰：「道不行，乘桴浮於海，從我者，其由與？」子路聞之喜。子曰：「由也，好勇過我，無所取材。」

道不行，浮於海，不忍視也。從我者由，由好勇也，未必不忍視也。無所取材，抑之也，喜則浮，故抑之。夫子之抑由也，通論語全書數見。夫聖人亦有避世之想，則彼隱者豈必盡爲潔身亂大倫者乎？是性有可堪有不可堪，有能忍有不能忍耳。

附釋詞

乘桴浮於海：是海上有去處也，惜今已不傳。

孟武伯問子路仁乎？子曰：「不知也。」又問，子曰：「由也，千乘之國，可使治其賦也；不知其仁也。」「求也何如？」子曰：「求也，千室之邑，百乘之家，可使為之宰也；不知其仁也。」「赤也何如？」子曰：「赤也，束帶立於朝，可使與賓客言也；不知其仁也。」

仁則甚難，夫子且不敢自居，況諸子乎？

子謂子貢曰：「女與回也，孰愈？」對曰：「賜也，何敢望回？回也，聞一以知十，賜也聞一以知二。」子曰：「弗如也，吾與女弗如也。」

賜也不知德，是以以數論。此言智慧，非講德慧者。賜終不知道也，弗如遠矣。回之過人遠者，豈以其智數哉？一簞食一瓢飲，在陋巷，夫何有智數之可言者？賜終是代表世俗觀念，世俗終不知德。

附釋詞

與：與，許之段。

宰予晝寢。子曰：「朽木不可雕也，糞土之牆，不可朽也；於予與何誅？」子曰：「始吾於人也，聽其言而信其行；今吾於人也，聽其言而觀其行。於予與改是。」

此不獨惰其四肢，且亦曠其大體（孟子以心爲大體），是所以無可誅也。然人物形態固自繽紛，宰我子路在孔門中自爲最天眞無掩飾，是所謂任眞者。此固不足以當深藏因應之大政治家，而自藝術觀點視之，自有一段風采，至可賞也，與曾點可謂孔門名士之二典型；一蓬頭垢面，一灑落無塵。

子曰：「吾未見剛者。」或對曰：「申棖。」子曰：「棖也慾，焉得剛？」

剛、強一字。剛者卽中庸之強，剛與柔反，蓋不可屈之謂剛謂強。慾者兼生理的及心理的而爲言。老子以身爲大患，實則人之大患並心而有二。人必能勝其身心而後能剛強，不能勝其身心，是徒爲身役心役耳，焉得剛哉？然則剛者固夫子之所未見也，蓋能勝其身心者鮮也。

子貢曰：「我不欲人之加諸我也，吾亦欲無加諸人。」子曰：「賜也，非爾所及也。」

夫惟聖人而後能無加於人，凡人之一言一行鮮有不加於人者。加於人者，傷及人也。子貢之意本淺，彼特有指耳。夫子一言，乃就凡一切言行指出，令人悚然戒懼。旨哉斯言！

子貢曰：「夫子之文章，可得而聞也；夫子之言性與天道，不可得而聞也。」

吾師牟宗三教授離中先生曰：「性之問題，初次觀之，似是屬於『存有』之問題，無論卑之從『生之謂性』說，或高之從超越面說，皆然。而一涉及『存有』

問題，則總是奧密的，此卽法國存在主義者馬塞爾（Marcel）所謂『存有之祕密』（Mystery of Being）是也。此其所以爲難聞乎？而一個聖者如孔子則總是多偏重自實踐言道理，很少有哲學家之興趣去積極地思議存有問題也。卽使有洞悟，亦是在踐履中洞悟之，因而多言踐履之道如仁，而少涉及存有問題如性與天道，此其所以不常言多言也。」（心體與性體綜論第二十五頁）又曰：「性與天道是客觀的自存潛存，一個聖哲的生命常是不在這裏費其智測的，這也不是智測所能盡者。」（同書同論第二百十九頁）

子路有聞，未之能行，唯恐有聞。

聞，聞善言也。子路但一片童心，永不成經歷。人能成經歷，然後能成智，而知先後本末輕重，不成經歷則不知此，故唯恐有聞。然則所以不成經歷者，以其不失赤子之心。人存童心，則年事不入，此固不足成事業，然其心地之天眞，至足令人愛也。世之可愛人物，固不數數見也。

**子貢問曰：「孔文子何以謂之文也？」子曰：「敏而好學，不恥下問，是以謂之文也。」

文者今所謂學問也。好學下問，足以當此一文字。孔文子者，學人孔先生也；猶文王者，學者王也。文與野對，於人爲一極高之美稱，乃高度文明之人格之謂。

子謂：「子產有君子之道四焉：其行己也恭，其事上也敬，其養民也惠，其使民也義。」

自形下直達形上，故能恭能敬能惠能義，達則爲君子，不達則爲小人。固古之遺愛，春秋之一典型也，而管仲不與焉。

子曰：「晏平仲善與人交，久而敬之。」

因平仲以言交際之道。凡人交接，久則狎而慢之矣。

子曰：「臧文仲居蔡，山節藻梲，何如其知也？」

夫自自然認識上說，知之爲物甚難言。蓋客體無窮，故知但有大小，當則爲知，不當則爲不知，所當多者爲大知，所當少者爲小知，如此而已。然離自然認識，就人事上言應然認識，則萬物備於我，如操點金術，所點成金，其有點而不成金者，是所持者非眞點金術也，是則爲不知。故應然認識，知與不知截然，初不以大小論也。居蔡，已非義；乃山節藻梲，則尤非類矣。子曰：「務民之義，敬鬼神而遠之。」文仲適行其反，是以謂不知。夫子於務民義，絲毫不放鬆。民義者，人義也，人（別於禽獸）之本分也。人文之義，人本之意，規定到底。大哉夫子！

子張問曰：「令尹子文，三仕為令尹，無喜色，三已之，無慍色，舊令尹之政，必以告新令尹。何如？」子曰：「忠矣。」曰：「仁矣乎？」曰：「未知，焉得仁？」「崔子弒齊君，陳文子有馬十乘，棄而違之；至於他邦，則曰：『猶吾大夫崔子也。』違之；之一邦，則又曰：『猶吾大夫崔子也。』違之。何如？」

子曰：「清矣。」曰：「仁矣乎？」曰：「未知，焉得仁？」

伯夷叔齊求仁得仁，管仲如其仁。夷齊死其道，夷吾舉仁者之功。子張道二子事未到此，故夫子曰未知，使更道他事，或有當於仁者，止此則未當也。子張不達。

季文子三思而後行。子聞之曰：「再，斯可矣！」

此有爲而發。夫事有難易，理有深淺，情有純雜，要在審明，豈爭再三於其間哉？意者文子於見義當仁處，其有不果敢者乎？

子曰：「甯武子邦有道則知，邦無道則愚；其知可及也，其愚不可及也。」

此愚字，正不知作何解？如有不可及之愚，則愚莫與爲知矣，是知之大者也。此非止免於刑戮比也，此一愚中正成就莫大艱危事業，是以知非夫大知者不能爲也。故老子曰：「大知若愚。」此則甚難，卽夫子亦病未能矣，故歎曰不可及。

子在陳曰：「歸與？歸與？吾黨之小子狂簡，斐然成章，不知所以裁之。」

凡爲子弟者類皆狂簡，其有不狂簡者，不爲大器，且爲鄉原。蓋人生如花草，當其青春時，宜其展蕊怒放，此是天地眞性，其有不爾，則是遁天倍情，卽不爲天所棄，天且畏之矣。然則其怒放於三春者，必且大穫於秋收矣。其加剪裁，則所收尤富，是以夫子必欲言歸也。

子曰：「伯夷叔齊，不念舊惡，怨是用希。」

夷齊餓死首陽，不知夫子何以知之如此其詳也？惜乎今不傳也！言怨，是自己身上說；當自人身上言不念舊惡而人樂改其過。此章去末四字則佳。

子曰：「孰謂微生高直？或乞醯焉，乞諸其鄰而與之。」

果不直。雖然，謂之爲熱心人可也。使微生高果直，則無可取矣。所可取者其熱心也，故直未足取。蓋微生高素有直名，故夫子謂之，是言者之過也。然則夫子固有微詞矣，吾則以爲無可非。審夫子意，是直以直求微生高焉，直則絞，直何所取哉？然則聖人亦妒賢耶？抑揆諸禮有不合耶？他日夫子問公叔文子於公明賈，曰：「其然，豈其然乎？」亦疑之。夫服人固最難者，雖在聖人亦不免矣。本章於微生高獨苛求之，稍失溫厚。

子曰：「巧言、令色、足恭，左丘明恥之，丘亦恥之；匿怨而友其人，左丘明恥之，丘亦恥之。」

師弟之間，或談左丘明事，因有是言。

或謂劉歆竄入。

顏淵季路侍。子曰：「盍各言爾志？」子路曰：「願車馬、衣輕裘，與朋友共，敝之而無憾。」顏淵曰：「願無伐善，無施勞。」子路曰：「願聞子之志。」子曰：「老者安之，朋友信之，少者懷之。」

疑是早年對話。其在晚年，子路必言政。雖然，即子路於晚年而作夫子語，夫子且必斥之曰：「由也非爾所及也。」故言必當分，過分則失之誇矣。夫子之志，固是聖人氣象，堯舜其猶病諸？

子曰：「已矣乎！吾未見能見其過，而內自訟者也。」

見過是一事，自訟又一事；必至於訟，方有補於見。

子曰：「十室之邑，必有忠信如丘者焉，不如丘之好學也。」

此夫子誇言之耳，忠信不如是數數見也；意在言好學之難也。夫聖人亦有修辭家之誇大病，是言說之通病與？

雍也第六

子曰：「雍也，可使南面。」仲弓問子桑伯子，子曰：「可也，簡。」仲弓曰：「居敬而行簡，以臨其民，不亦可乎？居簡而行簡，無乃大簡乎？」子曰：「雍之言然。」

南面者，天地格局也。必有天地氣象，然後可以南。南者，臨也。夫王侯之臨萬民也，猶天地之臨萬物也。其大概如此。雖然，天地之臨物與王侯之臨民則有間矣。物在自然律，人在道德律。物無意志之自由，人有意志之自由。民初固猶物也，然而其終也且爲人焉。故其格局雖同，而其臨之之道則異。蓋天地之臨物，任之自然律耳，天地自無事，此則曰簡也，此無容心焉，是天地無心。乃王侯之臨民也，民有自由意志焉，是以導之也，導之則不能任之矣。且物，自然律而已，此有道德律焉，故導之周旋自然律而超越之，以趨乎道德律焉，是則有事焉，有心焉，則不得簡也，此之謂敬。故天道人道，區以別矣。此則人物之異也，是儒與道之判也。故易傳曰：「鼓萬物而不與聖人同憂。」無憂謂天地，有憂謂王侯也。故一簡一敬。此則天人之異。道家知天不知人，所行者物道。惟儒家乃得人道焉。故仲弓天生有天地格局而知敬，苟不知敬則不足以南。子桑伯子者胡氏疑爲莊周所稱子桑戶者，亦天生有天地格局，乃不知敬，故夫子曰可，而憾其簡。可者謂其格局之架子如是。簡則不足以南，是直以物道治民，渾淪人物，人道不立，人文不成矣。如此則亦不能承天命。故敬卽承命也。惟敬，故天命方有發展，然後人道立，人文成。亦惟如是，乾坤方有始而有終，而其最後之完成亦方得而實現也。(此義參爲政篇志學章、里仁篇德不孤章及衞靈公篇志士仁人章注)

附論一

蓋天地格局，此有別才，謂之天才，不關學力；然學似可致，而致者鮮。

附論二

此時道家未立，迨道家立於戰國，子桑伯子遂爲先達，故莊子載子桑戶也。

哀公問弟子孰為好學？孔子對曰：「有顏回者好學；不遷怒，不貳過。不幸短命死矣！今也則無，未聞好學者也。」

詳先進篇季康子章。

子華使於齊，冉子為其母請粟。子曰：「與之釜。」請益。曰：「與之庾。」冉子與之粟五秉。子曰：「赤之適齊也，乘肥馬衣輕裘。吾聞之也，君子周急不繼富。」原思為之宰，與之粟九百，辭。子曰：「毋！以與爾鄰里鄉黨乎！」

附釋詞

秉：秉，今之所謂一把兩把之把，从禾又，會意；故柄今亦云把。五秉，是五把也；疑非本義。

子謂仲弓曰：「犂牛之子，騂且角，雖欲勿用，山川其舍諸？」

豈仲弓亦在隸籍乎？是時階級行且崩潰，故孔門無類。

子曰：「回也，其心三月不違仁；其餘則日月至焉而已矣。」

蓋夫子七十而後從心所欲不踰矩。二三子年行未到，宜其不能久也。言不違，是規範言之；不違仁，猶不踰矩也—矩卽仁。然則何以夫子七十而久，此則止於三月而或不至？曰夫子七十而動物本能盡也，生物層次在下也；此動物本能未盡，生物層次在上也。故其仁如潛泉，但於淺層或冒出耳。故二三子者，是仁冒出於生物層面，夫子七十則是本層洋溢，此其異也。故三月或日月至，是百步與五十步之差耳，皆在下也；是所謂未透也。故有三等人：有全然不冒者，有時而冒者，有透者本層洋溢。上下兩種人各一樣子，惟中間一等人，自是有千差萬殊，在兩極端間，可分無數等地，亦正是致力所在。回之致力，固深於餘子矣。其致力久則透，仁體透出，則生物層在下矣。至是而欲仁仁斯至焉，否則不能無違。

附論

言心不違，言從心，是心爲作用，心不即理不即是性也。心者意識之場地，凡意識出此即曰心。

季康子問：「仲由可使從政也與？」子曰：「由也果，於從政乎何有？」曰：「賜也可使從政也與？」曰：「賜也達，於從政乎何有？」曰：「求也可使從政也與？」曰：「求也藝，於從政乎何有？」

果、達、藝皆足以從政，此三者皆足以成政務，特各備一用耳。

附釋詞

果：果、敢一語；敢多一半鼻音耳。

季氏使閔子騫為費宰。閔子騫曰：「善為我辭焉，如有復我者，則吾必在汶上矣。」

孔門亦有不爲仕來者，使顏淵不蚤卒，亦必在汶上矣；夫豈季氏之嫌已也，彼且嫌魯而又嫌天下矣。

伯牛有疾，子問之，自牖執其手，曰：「亡之！命矣夫？斯人也，而有斯疾也！斯人也，而有斯疾也！」

無可奈何，則委之命矣。命若有主若無主，而要在順受其正，即所謂承認事實是也。世無比事實更事實者，此之謂命。命不必有意義，蓋事實不必盡有意義也。斯人也而有斯疾，何意義之有？君子受之耳，夫復何言？

子曰：「賢哉回也！一簞食，一瓢飲，在陋巷，人不堪其憂，回也不改其樂，賢哉回也！」

此孟子所謂深自得之者也。故左右逢其源，何爲不樂哉？

冉求曰：「非不說子之道，力不足也。」子曰：「力不足者，中道而廢，今女畫。」

計學人物，固難與共入德也。人不能超越生事，則終不能出道中。彼計學人物，固但知有生事耳。

附釋詞

畫：畫、域同。

子謂子夏曰：「女為君子儒，無為小人儒。」

儒者，典禮人也。儒固有二：一民間之儒，二官方之儒；皆典禮者也。子夏跡近民間儒，故夫子告之以此；荀子所謂「不識先王之統」是也。

子游為武城宰。子曰：「女得人焉爾乎？」曰：「有澹臺滅明者，行不由徑，非公事，未嘗至於偃之室也。」

狷之屬也，然亦不足以任大。

子曰：「孟之反不伐；奔而殿，將入門，策其馬曰：『非敢後也，馬不進也。』」

厚之至。

附釋詞

殿：殿之言臀也。

子曰：「不有祝鮀之佞，而有宋朝之美，難乎免於今之世矣。」

人情嫉妒，斗筲用權，苟非有婉言，美徒爲矢的耳。故學彌進，行彌修，而害亦彌烈也。苟非能佞，是彌自招禍也，非止詩所謂「慍於群小」已也。

子曰：「誰能出不由戶，何莫由斯道也？」

詩云：「天生烝民，有物有則。」康德實踐理性批判云：「在吾頭上者熠熠明星，在吾心內者肅肅明道。」乃人於自然律則出必由戶，於道德律則獨莫由斯道者何哉？豈自然律定之在彼，力所不能違；道德律踐之在我，情所不必受？是以自然界則不可得而騁其私，人事界則有可得而暢其欲與？

子曰：「質勝文則野，文勝質則史；文質彬彬，然後君子。」

文者今所謂學問。學問過於性質是卽吏病。性質過於學問是卽鄉人之病。必能達內外，通而為一，質飾於文，文歸於質，然後為君子。故鄉人失學，書吏失於學，皆病也。

附釋詞

質：質猶資也，此卽告子所謂生之謂性之性。

文：文，文字之事，今所謂學問（外在知識）。

野：野，無教養也。

史：史之闕文，史、吏一字一語，今之文書記室也。

彬彬：彬彬，亦作份份。份份卽頒頒，卽斑斑；顏色各參半也。此假言之。

子曰：「人之生也，直；罔之生也，幸而免。」

人之生（生存、生活）本順自然之理，乃罔之生必邀倖以免，以其不順自然之理也。以今語釋之，人之生本諸自然律與道德律而行事，故無不順也；乃罔之生則不愜於自然律與道德律，以爲若是其緩也，若是其小也，欲一朝而致其大，故多背自然律與道德律，欲於自然律與道德律外得之，然而自然律與道德律則森嚴不爽矣，故彼之所爲，但求幸而免耳。

附釋詞

罔：卽詩之氓，卽民；民卽盲本字。此一詞在古代為一惡字眼，恆以指被征服者，乃一賤詞也。殷周皆如此作，自稱曰百姓，稱被征服者或他民族則曰民。此作罔，其賤之之意尤明。蓋此時「民」之一字已成泛稱，故特稱曰罔耳。罔與人對，其義近於禽獸。

子曰：「知之者，不如好之者；好之者，不如樂之者。」

世界必須步步攝入，歸入生命，歸入生命之眞主體。此言主客交涉之三層次：由認識層而審美層，更由審美層而生命本層，卽道德主體，是步步攝入。世界必入道德主體中方成一體。人之於世界，尋常止有認識的交涉，西洋學術大抵在此層。此層面所見所成之世界自是一面目，此是生物世界，結意於利用厚生，此循原始以來生物態之一層發展。惟藝術家詩人乃作審美的交涉。此層面所見所成之世界另是一面目，此層結意在存有相映相照，成一存有風姿之相掩映，視諸認識的交涉，固爲超出而相親附。然惟仁人乃作道德的交涉。此層面所見所成之世界又是另一面目，此層終歸於主客同一，天地萬物成一體，超越利用厚生，超越存有照映。如以人爲主而言之，則世界攝入人的生命中，是世界獲得安頓。故此層是安頓世界，前一層是觀照世界，再前一層是認識世界。故世界原止一面目，因其入吾層面之不同，而世界所顯之面目遂異。然其異相，則層層不相通假，隔層則不可相知。其就人爲主言之如此。如以世界爲主言之：第一層，人在世界外，世界與人係對立各自孤獨；第二層，世界與人爲友，其對立孤獨消泯；第三層則人入世界懷中，人亦獲得安頓。此義在西洋至康德始見端倪，夫子生二千多年上，彼時已直覺得之，於前二層早揚棄之，而求人之必至於最後層也。

附釋詞

樂：樂字止是假借。

子曰：「中人以上，可以語上也；中人以下，不可以語上也。」

此言事理理解之下限，中人以下知力不到。

蓋知力天生人人不齊，若夫仁之在人則皆全也。知之不得謂性，可見。性則全，不全則非性。

樊遲問知。子曰：「務民之義，敬鬼神而遠之，可謂知矣。」問仁。曰：「仁者，先難而後獲，可謂仁矣。」

務民義，遠鬼神，一言遂判天人之分。此非一切宗教家所可及，此所謂直承天命也。夫一切宗教雖貌似承天命，而實皆不能承，以其顚倒之也。

民謂社會之一員，非獨立的個人也。獨立的個人，有知識學的可能，有美學的可能，而無道德的或倫理的可能。民則舉三者皆可能，且皆必實現。民者，人之納入於倫類者也。

難，動詞，難猶犯也。先難者，務民之義，直前而身之也。後獲者，所得之事，置之腦後，不問也。

樊遲田舍郎，乃所舉則大題目。夫人生可一言而盡也，曰莫非仁知之事而已也。須不鄙也。

子曰：「知者樂水，仁者樂山；知者動，仁者靜；知者樂，仁者壽。」

此不似聖人之言。夫子豈徒爲山水動靜壽樂之言哉？且言壽樂，尤不類。壽夭有命，仁者未必壽；聖賢無樂，孔顏本無樂處，曰學以忘憂，曰不改其樂，樂字皆假說耳。聖賢憂終其身，聖賢無樂也。且夫知者利仁，正無樂也，樂必安之。仁者安仁，安亦非樂，此中嚴肅，言樂則浮矣。

子曰：「齊一變，至於魯；魯一變，至於道。」

齊，泛指羣雄；魯，指正統或道統之舊。此惜天下弗變於正耳，如變之，再轉而已。

子曰：「觚不觚，觚哉！觚哉！」

世亂，人物失其性，亦失其形。然此與進化異義，苟爲眞進化，則是愈趨定性定形。此歎其自定性定形壞爲畸性畸形。

或謂此歎世之名實不相符，說亦通。

宰我問曰：「仁者雖告之曰『井有仁焉』者，其從之也？」子曰：「何為其然也？君子可逝也，不可陷也；可欺也，不可罔也。」

夫仁非外也，仁在內。伯夷叔齊求仁得仁，求之內，得之內也。予不知，比之生物事，譬衣食財貨之求，汲汲蹈而赴之。予卒不知仁也。予而終身未始聞道也夫？

附釋詞

雖：雖猶卽也。

逝：逝，一往而前也，逝之言矢也，矢飛直前而去。折，古與矢同音。

罔：罔與陷互文，知此用本義，罔，網之本字。

子曰：「君子博學於文，約之以禮，亦可以弗畔矣夫！」

文，文字之事也，包括今所謂學問學術之全部。人固當博學於一切學問，然此爲外邊知識，必攝歸於道德主體，人文意義，方非徒文。今人但有文學而無禮約（文學一詞包括今日一切科學），則學不爲人用，且至害人，夫子所謂畔也。此義至緊要，其於今日廿世紀爲尤烈。夫子固超越一切時代之大聖人也。

子見南子，子路不說。夫子矢之曰：「予所否者，天厭之！天厭之！」

夫子蓋以分不得絕。人之囿於分，往往以養姦，雖矢之無補於非。子路無分乃得正。

附釋詞

矢：矢，誓之叚。矢，折古同音，誓从折聲。知、哲可為旁證。知、哲一字。知，从口矢聲；哲，从口折聲；一也。詩鴻雁「維此哲人」「維此愚人」。哲、愚對；哲、愚卽知、愚也。書「明哲保身」，明哲卽明知，今人云明知是也。

子曰：「中庸之為德也，其至矣乎？民鮮久矣！」

此言處世態度。中，謂中人之中，庸謂庸人之庸。古之人皆如此，今人多過之，故夫子歎之。中庸者天德也，及夫近世斃蘉踶跂，民遂競於人而失其天。中庸之義，近於莊周渾沌一語。莊子全書多出儒家手筆，故齊物論又言寓庸。然莊周言庸，乃是泯消一切分判，歸於渾沌一體，是自然的渾沌，而此乃人事的渾沌，欲民之無虛憍也。此無欲民之好勝好強好競，而欲民之能甘寂寞，無欲事事出人頭地也。此在古人如出本性，近人則不能，下逮戰國，其情愈烈。故自駢拇馬蹄以下數篇言此病尤切，遂至於反仁義反文明，是又矯枉過正者矣。雖然，中庸之爲德也，於今甚難，爲其不能自足於性分之全，盡性以成己，故事事競於假借，潛之萬物，終身不返，而世靡矣。

附釋詞

中庸：史記禮書：「自子夏，門人之高弟也，猶云『出見紛華盛麗而説，入聞夫子之道而樂，二者心戰，未能自決』，而況中庸以下，漸漬於失教，被服於成俗乎？」正謂中為中人之中，庸為庸人之庸。此古義也，至宋儒遂為高深之説，失其實矣。

子貢曰：「如有博施於民，而能濟衆，何如？可謂仁乎？」子曰：「何事於仁？必也聖乎！堯舜其猶病諸？夫仁者，己欲立而立人，己欲達而達人。能近取譬，可謂仁之方也已！」

子貢以仁者愛人之義爲此問，不知仁者雖必愛人，而實以踐形盡性完成自身人格爲義也。仁非事業也，仁乃自身體現耳。至於博施濟衆，固仁者之所願，此則爲人間事業，初非卽仁也，是非仁之事也，此已超出仁之事，乃至於聖矣。夫聖者，全知全能之名也。惟其全知全能也故足以幹事，仁則非知非能，於事不相及矣。謂是博施於民而能濟衆者，非謂人人而食之而衣之也，是謂能爲天地立心，爲生民立命，推其仁以煦之，發其知以灼之，立統紀，制權宜，開物成務，位育通變耳。此則參天地，乃人間至大事業，庸詎惟仁而已哉？仁則未到此也，仁亦不能到也，此所謂聖也，堯舜猶病未能爾。故聖者，莊子天下篇所謂內之則聖，外之則王，博施濟衆，王者之事也，豈仁之事哉？賜於仁終未了了，於聖亦未曉也。末復爲說仁者己立立人，己達達人者，蓋循子貢仁者愛人之意而告之也。故仁之事，如本於仁而行之，終是就近施愛，其欲普博及遠，必待知以濟之，此則非僅仁之事而已也。故欲推其仁愛，就近施之，取譬於己，因己欲立而知人之亦當立，因己欲達而知人之當達，以此就近施愛，以立人達人，此則可謂爲仁之方也，而仁之本事亦止及此。如欲其博大深遠，則非全知全能（且又全仁）之聖者不能矣。子貢一起手便好高騖遠，緣其不知仁聖之實義也。此因子貢之問，遂發聖之義，並仁之界限。

附錄

焦竑筆乘云：「子貢以博施濟眾爲仁，是求諸事矣。事非所以求仁，故夫子曰『何事於仁』。以事求仁，雖聖如堯舜不能無病。故莫若求仁於心。」

附論：聖之涵義之演變

他日夫子自述曰：「若聖與仁，則吾豈敢？」分明聖與仁係二事。是聖指知能之全，與仁不相覆，亦不相攝，此則聖在孔子及孔子以前之涵義也。然自孔子講人格之全之仁，則聖遂不能獨全知能而未全於仁焉，故聖遂亦全仁。故自孔子本人而子貢，乃至孟子，聖之涵義，遂隨孔子仁學之發展而增仁之一義。至孟子聖之義又一變，如柳下惠許爲聖之和，伯夷許爲聖之清，伊尹許爲聖之任。此在孔子必未便許爲聖，而孟子許之。是人格涵養之一面獨到皆曰聖，是易全義爲到義，變前此全義之聖爲到義之聖。此義則廣於前，而亦裂於前矣。聖之義凡三變。然儒家聖之涵義，乃不在上三義，其後來聖之確義，乃純指道德主體之純粹成立，卽仁之極至，所謂肫肫其仁，由肫肫其仁之盡其性，而至盡人之性，盡物之性，而達於通天人，一萬物，無非以道德主體致此極，而與知能無涉。此義之發展，實孔子啓之。孔子自言其一生學歷，乃以「從心所欲」四字結之，而儒家聖之特義，遂於是而立。參志學章注。

述而第七

子曰：「述而不作，信而好古，竊比於我老彭。」

重言不作好古者，夫子全副文化生命，固非從天而降，無中生有，是以謂不作也，是有歷史承續也。此義至重大，苟非能全面承擔整個人文歷史，則亦不能有好古一意識，則必侈言創作。惟其承擔歷史文化，故能述而信。

子曰：「默而識之，學而不厭，誨人不倦，何有於我哉？」

何有猶云不難。何有於我者，猶云上述三事，於我不難也。「十室之邑必有忠信如丘者，不如丘之好學也」，正謂學而不厭；「多聞闕疑，多見闕殆」，正謂默而識之；「有教無類」，「自行束脩，未嘗無誨」，正謂誨人不倦。朱熹集注，以為謙辭，坐不識何有二字。

識、學、誨，同一學字，蓋人好學，必默識，必好告人。

子曰：「德之不修，學之不講，聞義不能徙，不善不能改，是吾憂也。」

此以慨言諸弟子，非以自謂。

子之燕居，申申如也，夭夭如也。

宜在鄉黨篇中。

附釋詞

燕：燕、易一語，互為陰陽。易水者，燕水也，可證。燕居卽易居，猶平居也，吾鄉今燕、易仍同音（ㄧˋ），但清濁調之差耳。

子曰：「甚矣！吾衰也。久矣！吾不復夢見周公。」

夫日有所思，夜有所夢；不復夢者，明日無所思矣。世不可復起，禮壞不可復措，夫子心灰矣，一語悲涼甚。

子曰：「志於道，據於德，依於仁，游於藝。」

道，人道也。立志致人道，此學者用心之終極也。德，前言往行也。據之以行己行事，庶幾無疑殆悔吝，禍害人事。依於仁者，一出於仁也。游於藝者，游猶習也，習技藝以備實用也。

此示學者修身之方。

子曰：「自行束脩以上，吾未嘗無誨焉。」

誨之言，勉也，猶言指點津梁也，與敎異義。人備禮以來，固所指點者矣。

子曰：「不憤不啓，不悱不發；舉一隅不以三隅反，則不復也。」

悱、憤互文，啓、發亦互文。悱憤卽悲憤；悱，悲之或字。人必自憤其塞，自悲其窒，然後啓發之，苟不爾，雖湊耳絮聒之亦不達；此言悟性之求通。舉一反三，推理之謂也；此言理性之求達。蓋人物之異，在乎感、悟、理三性。凡動物無不有感性，惟人始有悟、理二性。今爲人而悟、理二性無所感格，則其爲人也難矣，與物無異矣。

此言人類學習之基本條件。

子食於有喪者之側，未嘗飽也；子於是日哭，則不歌。

宜在鄉黨篇。

附釋詞

哭：哭，哀死人也。

子謂顏淵曰：「用之則行，舍之則藏，唯我與爾有是夫！」子路曰：「子行三軍，則誰與？」子曰：「暴虎馮河，死而無悔者，吾不與也；必也臨事而懼，好謀而成者也。」

此有爲而發，蓋及門諸弟中，惟回最知夫子，故舉回爲言，子路不知，以爲外己也。

附釋詞

謂：謂，語之也。

暴：暴，撲、搏之叚；撲、搏、暴古同音。

馮：馮，即詩漢廣「不可方思」之方，莊子達生篇「並流而拯之」之並，皆叚借字，即今拚命之拚，蓋橫截曰馮。

子曰：「富而可求也，雖執鞭之士，吾亦為之；如不可求，從吾所好。」

富貴自是生物世界事，苟得其方，求無不得之。雖然，夫子則自有所好，夫子固在超越於生物層次之義理世界中行也。「從吾所好」四字美極，千載而下，獨靖節「吾駕不可回」五字足與相當。然靖節則往在藝術世界或自我世界中，夫子則在道德世界中。

子之所慎：齊、戰、疾。

此之爲尤慎耳。

子在齊聞韶，三月不知肉味，曰：「不圖為樂之至於斯也！」

美其和平文明也。

附釋詞

韶：注見前。

冉有曰：「夫子為衛君乎？」子貢曰：「諾！吾將問之。」入曰：「伯夷叔齊，何人也？」曰：「古之賢人也。」曰：「怨乎？」

曰：「求仁而得仁，又何怨？」出曰：「夫子不為也。」

見爭而問讓，子貢暗問，夫子則明答。彼特在生物世界中爭生死，與夫夷齊求義理而得死於義理者，直是齷齪不值一顧，本不必問而可知，爲冉有之鄙，因勉問之也。

子曰：「飯疏食飲水，曲肱而枕之，樂亦在其中矣。不義而富且貴，於我如浮雲。」

富貴貧賤自是生物層事，與義理無涉。故苟得義理，玉食瓊漿，亦樂；疏食飲水，亦樂；苦樂固不在是也。然而夫子乃必數言樂者，樂狀其擺脫生物層之心境，去物累而輕鬆也，及夫聞道可死之無遺憾也。樂字是假借，不可執字求之。不義而富且貴，於我如浮雲者，舉生物世界之尤寶尤實者加諸我之義理世界，猶之無所加焉。富貴於義理世界等於無物也，蓋二世界不相爲有無也。

子曰：「加我數年，五十以學易，可以無大過矣。」

易之成書在曾子以後，夫子不當見之。易起陰陽說，一象陽，--象陰。其事詭譎，夫子不語怪力亂神，夫子即或及見，當亦不取。乃世傳十翼出夫子，是不明思想推衍之跡，亦不知夫子。易字當從魯論作亦字，連下讀。易起曾子後，論另詳子路篇南人有言章及憲問篇君子思不出其位章。五十兩字，或有作卒字者，然莊子天運篇云：「孔子行年五十有一而不聞道。」知天道篇作者所見論語，本作五十兩字，而亦無易之一字。審夫子此語，言學言大過，知未爲老耄。夫子自謂六十而耳順，七十而從心所欲，已臻聖域不當有大過。其言五十而知天命，用力正在此一段，故知五十兩字不誤。

此章可見夫子四十不惑以後，求學益切，用力益勤；蓋此去道體已在眼前，伸手欲及，若得自此向上一轉，乃可以無過，苟此時中途死去，道體未見，死不免於有過，是幾得而失之，憾甚矣，是以切切懼其遂爾死去也，故曰「朝聞道，夕死可矣」，是此時言語。蓋自古聖賢學人，往往有此經歷，而其齎志以沒，幾得見道體以免於有過，遂不得而終焉者，亦有人矣，是誠志士之大憾也。乃夫子之得及於老耄以見道體遂至從容無過，固天縱之，而亦幸矣。蓋夫子當日之言，但曰：假我數年至於五十，而欲無大過而已；乃其至於七十且全無過，則非當日夫子所敢望者，豈非幸耶？此章意義深大，其「學」之一字，尤明聖人之所事。學者，欲以明道而至於無過也；大學所謂在明明德在止於至善，即此意也。

子所雅言：詩、書、執禮；皆雅言也。

雅，或以爲夏，是也；雅言，即今所謂官話也。夫子惟讀書執禮，始用官話，其平居則操方言。

葉公問孔子於子路，子路不對。子曰：「女奚不曰：『其為人也，發憤忘食，樂以忘憂，不知老之將至云爾。』」

正千萬世學人一寫照也。學問中自是一天地一人生，而吾夫子爲第一個過客，遂爲典型。

附釋詞

發憤：發憤是當時一成語。憤，正是莊子書中「怒而飛」「草木怒生」之怒。今憤怒連詞。

子曰：「我非生而知之者，好古敏以求之者也。」

夫子博學多藝，世人驚謂非學能致，是以疑夫子生而知之，故夫子辯之云云。其實凡世間一切知識莫非學致，康德純粹理性批判謂「知識與經驗共起」是也。第人有穎悟，見事而明理，不待學而知者，世乃謂之生知耳。故生知意猶云自知也。自知非神祕經驗神祕行爲也，此有二術：一歸納，一演繹。此二術蓋亦資於經驗起於經驗耳。此係悟、理二性之達用，世人不及，乃誤謂生知。故仁、知兩行，知之一行，絕無生知者。世有生知，動物之本能與人之本性而已。乃此則非認識事，嚴格言之，不得謂爲知矣。故泛言之動物本能與仁性之發用，謂爲生知可，乃認識之知則絕不能有生知者。故生知一語，語意在彼，語指在此，謂自知也。此不可不詳辯。季氏篇云「生而知之者上也」，卽謂自知。故知有自知，有學知，及其知之一也。然究以自知爲上，學知次之。夫子天縱之聖，固多自知，然亦自出於學。子貢曰：「夫子焉不學？而亦何常師之有？」夫子自述亦曰：「學不厭。」以知自知蓋出於學知，正爲學知厚故自知神，神故人謂之生知也。

夫子莫非學，故自辯云云。

附釋詞

敏：敏，勉一字。

子不語：怪、力、亂、神。

以其悖經故。經正則庶民興。君子反經，奈何順之？

子曰：「三人行必有我師焉；擇其善者而從之，其不善者而改之。」

與見賢思齊見不賢內自省同意。師之言，資也。

子曰：「天生德於予，桓魋其如予何？」

道之在人曰德；德，今所謂作用也。夫子於歷史文化負有承先啓後之作用，當非偶然，是知出於天也。然則桓魋其能害天意乎？此所謂知天命也。惟其知天之命，故能有此自知與自信。古今大聖大德，往往有此知信。此中天字在今人往往不能解會，緣今人極端理智主義，自與天絕，莫能直覺接之。（另參子罕篇子畏於匡章）

子曰：「二三子以我為隱乎？吾無隱乎爾！吾無行而不與二三子者，是丘也。」

行卽事，謂無事而有所隱也。意在如佛肸召，陽虎饋，見南子，與當塗者有所接也。

前人解本章多以夫子之學與道爲言，非；此忽「行」字。

子以四教：文、行、忠、信。

本章疑有譌誤。文，今所謂學問學術，卽廣義的科學也，凡文字之事也。行，今所謂做人也。忠信止是做人之二德目，自包含在行之一字之中，乃云以四教，不可解。且學而篇云「行有餘力，則以學文」，文在行後，此文在行前，本末輕重適顛倒。先進篇有四科，文、行外，有言語、政事，當即此四教也。

子曰：「聖人吾不得而見之矣！得見君子者斯可矣！」子曰：「善人吾不得而見之矣！得見有恆者斯可矣！亡而為有，虛而為盈，約而為泰，難乎有恆矣！」

聖人固不可見，君子亦難遇，夫子自謂躬行君子，未之有得。善人不踐跡，亦不入於室，雖未能入堯舜之道，要不失其善，此要亦難見。有恆者，不失其常，不失其常者，民有秉彝也，雖不必能善，而亦不爲惡，故次於善人，然此亦難見也。世幾無人矣。亡有，虛盈，約泰，則必變常，故難乎有恆。此言士之無恆，病在浮華。孟子云：「無恆產而有恆心者，惟士爲能。若民則無恆產，因無恆心。」士無恆產，尚有能有恆心者，乃民則無恆產，必無恆心。然而士之病於浮華，變常而無恆心者多矣。恆者，彝也，常也。前人於此俱不得其解，惟橫渠釋爲不二心，字面得之，亦未透。有恆者，心有彝常之理，身俱彝常之行也。無恆者，心無彝常之理，身不俱彝常之行也。其在民則無恆產因無恆心，若士雖無恆產而亦能有恆心，然多病於浮華，遂失其恆焉。此則尤下於民矣。世之無人如此，夫子蓋心灰矣。恆之說，另詳子路篇南人有言章注。

子釣而不綱，弋不射宿。

夫子蓋未至於不釣不弋也。夫食其肉寢其皮，此亦天命所在也。人之受命則一切舉受之，一切皆在天，天自定之如此。不綱不宿則已盡人心，過此以往，則違命矣。儒釋之辨在此。此見儒學之至健，自有分限。本章宜在鄉黨篇。

子曰：「蓋有不知而作之者，我無是也。多聞擇其善者而從之，多見而識之，知之次也。」

故學記曰：「記聞之學，不足以爲人師。」以其非眞知，一問未達焉。然則此其爲學之所從入，知之階梯矣。蓋示人知之之方，使免於不知而作也。

附論

學記原本作記問，問無義，當是聞之譌，聞卽此多聞，記卽此識。

互鄉難與言。童子見，門人惑。子曰：「與其進也，不與其退也，唯何甚？人潔己以進，與其潔也，不保其往也。」

此教育家態度也，與宗教家同；無不可教也，無不可救也。此代表智，代表善，彼卽不爲學不爲悔而來，但欲一睹智慧之形象，善德之形象，亦使之知可近，知莊嚴也。

附釋詞

與：與，許之叚。

子曰：「仁遠乎哉？我欲仁，斯仁至矣！」

仁內在於性，仁卽性，或蔽於物，咫尺天涯，人以爲遠。苟格得物去，周流心體，達於四肢，應聲而至。朱子以仁爲心之德，非；心則思，性不思也。故仁不思也。故仁不思而至，思亦不至。但仁發必出心體，心是一思官，亦一場地，情、知、意皆必假此一場地出。欲仁仁至，至此是純熟境界，學者不得猝爾爲此語。至孟子乃直道出性善，是本體地言之，非體現地言之，夫子體現地言之也。此思想歷程之異，而亦思想源流之推衍也。

陳司敗問：「昭公知禮乎？」孔子曰：「知禮。」孔子退，揖巫馬期而進之，曰：「吾聞君子不黨，君子亦黨乎？君取於吳為同姓，謂之吳孟子，君而知禮，孰不知禮？」巫馬期以告，子曰：「丘也幸，苟有過，人必知之。」

以尊尊之義，爲君諱也，陳司敗固不及知此。

附記

前十篇中，惟此章答大夫問而稱孔子，崔東壁所未指摘。

子與人歌而善，必使反之，而後和之。

此記夫子愛樂之甚，而亦爲知音，故能愛。大抵人情和者，必好雅樂，反之則否。而服樂亦必至情和，否則其情必至偏枯。此孔墨之異處，亦其生命情調色彩之高下處；譬之春樹秋木，既見生意之伸促，復見形象之榮枯也。

子曰：「文，莫吾猶人也，躬行君子，則吾未之有得。」

莫，今語敢不是也。

論文學，則或差及人；言德行，則豈能自信？文、行二事，雖皆無底止，文則得則永得，行則得且又失之，故文可言有得，行則誰且敢謂也？此在七十前，確實如此，非謙詞也。

今人每日文章道德，卽是此二事。

子曰：「若聖與仁，則吾豈敢？抑為之不厭，誨人不倦，則可謂云爾已矣！」公西華曰：「正唯弟子不能學也。」

聖者全知全能之名，仁則非知非能，聖與仁別是二事。夫子學不厭，故得全知全能而爲聖；教不倦，故得全仁。然七十前固未到此，是以不敢自居也。聖、仁、君子雖不能驟到，然不厭不倦以自厲，五十而猶欲深學以免大過，六十、七十而猶累有精進，其志道體性，純亦不已，正爲後人所不能學也。卽毋以聖仁君子論，如此一勇健之生命，凌厲無前，曠古有幾人哉？夫子之所以爲聖仁君子者，豈有他哉？正爲其不厭不倦也。易曰：「天行健，君子以自強不息。」夫子之謂乎！

子疾病，子路請禱。子曰：「有諸？」子路對曰：「有之：誄曰

『禱爾于上下神祇』。」子曰：「丘之禱久矣！」

盡性踐形，直承天命而已，是莫與爲順天者。故天苟能佑人，自必佑之矣。故曰：「禱之久矣。」夫子乃直以生命行事爲禱，禱終其身，可謂不久乎？蓋「務民之義，敬鬼神而遠之」，「莫非命也，順受其正」，禱無益也，且實亦無所禱也。

子曰：「奢則不遜，儉則固；與其不遜也，寧固。」

附釋詞

奢：奢、侈一字，或从大或从人，一也；者、多古同音。

固：固，錮本字。

子曰：「君子坦蕩蕩，小人長戚戚。」

君子不謀己，小人爲己謀，是以一坦一長。坦、長二字甚妙，一作空間的展開，一作時間的牽累。

子溫而厲，威而不猛，恭而安。

夫人物風格，各有典型，此君子之標準典型也。

附釋詞

安：安者，今語不拘束也。恭者往往拘謹，惟恭而合禮，乃能安。

泰伯第八

子曰：「泰伯，其可謂至德也已矣！三以天下讓，民無得而稱焉。」

夫子見地時或甚鄙陋卑下，本章其一例也。

循夫子見地，是讓一簞瓢爲小德，讓一鼎鑊爲大德，讓天下爲至德矣；此皆不脫生物見地，乃庸俗價値評判也。蓋德不據生物事論，不依庸俗價値立也。德屬義理層，此就生物層同等比論，同等比較，以穿窬、斗筲、大盜及夫有恆者、善人、君子、聖人同列論之，不倫不類。如此比論，徒汚衊義理，最惡劣；義理當就義理本層論之。且夫若以天下爲民牧，則理不當辭，是當仁而讓，何得爲至德哉？若以天下爲腐鼠，則卻之固然，而夫子栖栖遑遑，其爲鴟矣。此中又見夫子觀念混淆，自相矛盾。然循夫子本意，似以天下爲大可欲者，是以三讓爲難，其意甚可鄙。故中庸曰：「德爲聖人，尊爲天子，富有四海之內。」言德固是也，言尊則非，言富尤非。又曰：「故大德必得其位，必得其祿，必得其名，必得其壽。」鄙語連篇，蓋自夫子出也。是以他日夫子乃曰：「智者樂，仁者壽。」夫子固亦多鄙吝之心也已。且事實正不爾，此是政權爭奪，泰伯者，李唐之建成已，第建成死之，泰伯幸得亡吳耳。且此云以天下讓，亦非。夫周至文王爲西伯，三分天下有其二，此時並二分亦未有，焉得遂謂天下乎？此其疏於史實，紕謬甚矣。吾終疑此章非聖人語也，殆記者傳誤耳。

子曰：「恭而無禮則勞，愼而無禮則葸，勇而無禮則亂，直而無禮則絞。君子篤於親則民興於仁，故舊不遺則民不偷。」

不似夫子語，宜在陽貨篇，與六言六蔽章同出一人——殆儒門後學托爲夫子語者；抑出師商，門人誤以爲夫子語者。

曾子有疾，召門弟子曰：「啓予足！啓予手！詩云：『戰戰兢兢，如臨深淵，如履薄冰。』而今而後，吾知免夫？小子！」

此其爲形式主義也，以其不達義理，是以徒執形跡也。苟仁之所在，雖殺身可也，手足且何論哉？免不當自此說也。

曾子有疾，孟敬子問之。曾子言曰：「鳥之將死，其鳴也哀；人之將死，其言也善。君子所貴乎道者三：動容貌，斯遠暴慢矣；正顏色，斯近信矣；出辭氣，斯遠鄙倍矣；籩豆之事，則有司存。」

將死言乃善者，至死前仍爲生物生命庸俗心地，必至將死，更無可謀已，生物本能盡而仁體始見，故有善言。苟爲不死，終爲己謀，仁體終蔽，卒不得有善言。以下三事，固學者之所當自致。此則形式之規範，非直發其本，自仁體開出；然此亦學之初階也。

曾子曰：「以能問於不能，以多問於寡，有若無，實若虛，犯而不校；昔者吾友嘗從事於斯矣。」

惟顏淵足以當此。下學而上達，天予人七十大限，計其日日學之可達也。然而達者古今有幾？吾知夫子一人而已。他人雖或過此大限，或八十或九十，而未必果達也，緣其不肯日日學也。故夫子曰：「朝聞道，夕死可矣。」達則可死，達則更無所事矣。若顏淵者，雖未至大限，而勤學兼日，意其已達而死矣乎？

曾子曰：「可以託六尺之孤，可以寄百里之命，臨大節而不可奪也；君子人與？君子人也！」

至此君子一詞，涵義稍變。夫子止曰：「危邦不入，亂邦不居。有道現，無道隱。」此已接戰國。

曾子曰：「士不可以不弘毅，任重而道遠—仁以為己任，不亦重乎？死而後已，不亦遠乎？」

此於夫子之仁學爲一大推進。夫子但曰「士志於道」，「有殺身以成仁」。此則曰「仁以爲己任」，又曰「死而後已」，觀念更加顯著。至孟子乃倡爲性善說，蘄人人於仁焉，則夫子仁學之完成也。

「仁以爲己任」，「死而後已」，仁學之二名言也。然此與夫子皆素樸的仁學，一見似爲外在者。此至孟子始明確內在地歸入性分，則於仁非志亦非任，要當自發。雖夫子乃嘗言吾欲仁斯仁至，仍不脫素樸觀念也；故子貢謂不可得聞。夫子於仁但取直覺承受，不欲論之於性，曾子亦然，此亦學術演進之公例也。孔曾時畢竟未甚分明，必到孟子方才時機成熟。蓋自夫子逝後自當時游夏之徒皆能發夫子之仁學，然曾子性近，觀此章於及門諸子，當以曾子最得其傳。世以孟子出子思，子思出曾子，依稀可謂。然曾子終重於行，且趨形式主義，恐於義理少能發揮。故仁學眞傳，疑在子思爲近是。子思年行與曾子近，其學當直受之乃祖也。此二章見春秋戰國之過渡。前章於夫子時士之素樸觀念已大有轉進；夫子時士之仕爲游仕，此則爲死仕。本章自夫子過渡孟子。

附釋詞

弘毅：弘毅當讀作剛毅，卽今語強硬也。弘、剛、強同音，強正从弘聲；毅卽硬之叚。

任：任，擔之古字。任者，今語擔子也。

道：道，路也。

子曰：「興於詩，立於禮，成於樂。」

人亦宇宙間一生物也，其生命本套在生物邏輯中，必當其認知我（我亦曰主體）作純粹之認知活動，或情意我作純粹之情意活動，或道德我之作純粹道德活動始能破殼而出。然平居昏昏噩噩，非有非常事件，固難激起此三種純粹活動也。雖然，其殼固亦有最薄處，情意我所在處也。蓋情意我本主生物邏輯，彼亦卽生物我之自身（情意我包括純粹生物我、純粹心理我、純粹精神我），然彼亦時思作純粹之活動，往往自破生物邏輯於不覺。故帶想像之情感，携超脫之意趣，出以觸機必發之警語以感之，則或當機解悟，遂出生物邏輯外。然此是出生物境界入於藝術境界，此不爲夫子或儒家所重。大抵儒家重道德，少藝術情趣，其純粹情意我不發達。夫子言「興於詩」，一見似由情意我處興起，實假借文藝形式，使其情意純粹氣氛，使自生物邏輯破殼而出耳；此時興起者乃非情意我，實因情意我之道德我耳。故下云「立於禮」，因其興也而導之循禮，使有所遵循，不啻範圍之也。然禮之用和爲貴，立於禮而能至於和則幾矣。和則合於樂矣，此是人格之完成，故曰「成於樂」；樂之性和也。故天地而和者，天地之眞性也；人而和者，亦人之眞性也。天地一和也，人亦一和也；凡有，無非和者。此是道德之極高境界，天地人同此一境界也。天道人道莫非同至此。故興於詩，未必能立於禮也，興於詩矣，能超拔於生物而昇於藝術之境矣，而未必能入於因道德而下開之人文之境焉。此境卽禮也。能入於禮矣，而未必能性之也。能性之，則如樂之莫不和矣。是所謂仁者安仁，天、地、人、我，人類之過往未來，胥成一體。至是我不復爲天地間之一個物，不復爲人羣中之一個人；我之存在不復與天地人物有間，我不復爲一「個物」，一「個人」，不復孤立爲天道人道上之獨物，不復爲存有之扞格，不復爲存有中之孤介，而尤非人羣之扞格與孤介也。此在夫子則以樂表示之，亦以樂完成之，而樂之意義亦至此極高之境焉。

此言學者人格勵進之三階段，約合人生少年、中年、老年三境；而亦見夫詩、禮、樂三教之重要矣。此中禮爲規範。若夫樂則內在生命本性之流露，尤進於禮矣；至此前二段皆被超越。故人生體現，乃一段超越一段，至於樂而完成而極至焉。

子曰：「民可使由之，不可使知之。」

此就事實言之；此言推行政令。今人有以此爲愚民者，全不知書。

附釋詞

民：民，盲之本字。故民者盲也，但可引之行，不可使自見也。民卽罔，西門豹謂「民可與樂成，不可與慮始」是也。

子曰：「好勇疾貧，亂也；人而不仁，疾之已甚，亂也。」

疾貧而好勇力，正是一頭餓虎；不仁而疾之甚，正是一頭負隅虎。此二等虎最傷人畜。

子曰：「如有周公之才之美，使驕且吝，其餘不足觀也已。」

夫瑜不必盡無瑕，要不至於掩則不失其美才也。驕吝，瑕之大者也。

子曰：「三年學，不至於穀，不易得也。」

至者，循致也，學三年而不遂生干祿之心，不易得也。朱注以爲至當是志之誤，不明至字義。

知當時來學者，多爲求祿來。然夫子門下，固亦多爲進德來者，如顏淵、閔子騫是也。

子曰：「篤信好學，守死善道；危邦不入，亂邦不居；天下有道則見，無道則隱。邦有道，貧且賤焉，恥也；邦無道，富且貴焉，恥也。」

篤信好學，守死善道，爲之在我，此可能也。危邦不入，亂邦不居，當時移民或不受限制，今時則不能矣。有道見者，有可爲也；無道隱者，無可爲也。明時貧賤，是無能也；亂時富貴，是無行也。吾每讀此章，必終日鬱鬱，想見歷史人物，分判兩邊；又舉目淒涼，徒見日馳月驅，吾亦自一邊人也。

子曰：「不在其位，不謀其政。」

此貴族政治，今已不然。

子曰：「師摯之始，關雎之亂，洋洋乎盈耳哉！」

洋洋盈耳四字，何等明美！夫非知之深，豈能及此？子曰：「立於禮，成於樂。」樂之德和。倫類諧，萬有調，道德之至也。

附釋詞

亂：亂，歎之段。史遷每篇皆有贊，贊、歎一語；詩樂之末章，文之末段也。

子曰：「狂而不直，侗而不愿，悾悾而不信，吾不知之矣！」

如是則犯矛盾律，不可理解，故深歎之，此所謂無恆也。

子曰：「學如不及，猶恐失之。」

不及猶不得也。所學未得而又恐失之矣。學問之道，當急切如此，方謂眞好學。

子曰：「巍巍乎！舜禹之有天下也，而不與焉。」

與泰伯章同意，而史實正亦不爾。舜禹並當時大部落之酋長而爲盟主耳，未有天下也。有天下之一觀念三代始之；蓋王朝形成而後有也。然亦有國者之所有，非人人而有也。至儒家以舜起匹夫，而匹夫遂亦有有天下之觀念，亂之階也。蓋天下非一人所有，亦非一家所有，亦非人人所有；天下乃天下而已，天下非所有也。故言有天下則非矣！曰讓曰不與，俱無補也！此吾之以夫子爲鄙也。

附錄

荀子正論曰：「堯舜擅讓，是虛言也，是淺者之傳，陋者之說也。」又曰：「有擅國，無擅天下。」

子曰：「大哉！堯之為君也。巍巍乎，唯天為大，唯堯則之。蕩蕩乎，民無能名焉。巍巍乎，其有成功也。煥乎，其有文章。」

史實亦非如此。則天之一觀念，殷商以來，盛於周之文武；雅頌多有之。儒家托古，斷自堯。至戰國道家，又尚之以黃帝。皆杜撰也。

舜有臣五人，而天下治。武王曰：「予有亂臣十人。」孔子曰：「才難，不其然乎？唐虞之際，於斯為盛，有婦人焉，九人而已。三分天下有其二，以服事殷，周之德，其可謂至德也已矣！」

舜有臣五人，此無所本。至於以周德爲至，眞書歟也。抑夫子故諱之，欲令後世尙德不尙武耶？然余觀孟子於武成取其二三策，則孔、孟皆眞書歟也。

子曰：「禹，吾無閒然矣！菲飲食而致孝乎鬼神，惡衣服而致美乎黻冕，卑宮室而盡力乎溝洫；禹，吾無閒然矣！」

誠如夫子之所言，則禹爲灌溉之發明者或改良者，爲農業之一大改革家矣。然而夫子未言其治水也，是知又是戰國新說也。然吾觀商史，自契至湯凡八遷，自湯以後凡六遷，則禹之時其游徙當尤數也，其爲游牧成分尤重於農業成分蓋明白可見。然則夫子云云，蓋以後世度往代，其缺乏歷史意識，不可揜矣。其所謂菲飲食致孝鬼神，惡衣服致美黻冕，固無論矣。其謂盡力溝洫，爲嚴整的灌溉工事，尤爲不合。彼逐水草而居，不數年一遷，農耕其副業耳，何需此舉？而戰國以來謂其敷土隨山刊木，奠高山大川，疏九河，瀹濟、漯而注諸海，決汝、漢，排淮、泗而注之江，尤爲無稽。彼一徙避之，何煩盡治天下之水哉？此蓋以後世農業大帝國之觀念，度夫自然力所成河川，以爲成於古帝王而歸之禹耳。禹之版圖未至此也，而以天下盡歸之，則又疏於史實之病也。

子罕第九

子罕言利，與命，與仁。

與讀許，許之叚。

孟子曰：「口之於味也，目之於色也，耳之於聲也，鼻之於臭也，四肢之於安佚也，性也；有命焉，君子不謂性也。仁之於父子也，義之於君臣也，禮之於賓主也，智之於賢者也，聖人之於天道也，命也；有性焉，君子不謂命也。」足以發明。

此孟子所言性有二：前謂肉體之性，後謂心地之性。凡利皆屬肉體之性之所求，孔孟皆不言之，而寧許以命。命者，必然也。必然則不可以人意預也，直受之而已。中庸所謂「素富貴行乎富貴，素貧賤行乎貧賤，素夷狄行乎夷狄，素患難行乎患難。」「君子素其位而行，不願乎其外。」「君子居易以俟命」是也。苟爲不爾，是小人行險以徼幸矣。至於仁、義、禮、智雖有命，而必責之於心地之性，況其爲利者乎？故孔孟並不言利，而但許以命與仁。故他日夫子曰：「富與貴，是人之所欲也」，所欲卽利也。「不以其道得之，不處也」，與仁也。「貧與賤，是人之所惡也，不以其道得之，不去也」，與命也。又曰「富而可求也，雖執鞭之士，吾亦爲之」，與命也。「如不可求，從吾所好」，與仁也。蓋生物層事，得已則已焉，可去則去之。故窮則委之命而受之，達則本於仁而去之。蓋利畢竟生物世界之概念，義理世界無此也。故孔孟皆不談利。故孔孟於生物實事多迂，宜矣。自後儒者於生物事亦皆迂，固也。

此章一言八字㯻括論語全書，亦盡孟子全書；孔孟之道蓋盡於是，是論孟綱領。

達巷黨人曰：「大哉孔子！博學而無所成名。」子聞之，謂門弟子曰：「吾何執？執御乎？執射乎？吾執御矣！」

純粹人格，義理生命，生物世界之所無也，宜不得其名。夫子稱堯舜，亦曰「民無能名焉」。苟欲以生物世界之專業名目求之，堯、舜、孔、孟固無一事可名也。故夫子特擇一事實之。

達巷固知夫子之大而不知所以大也。知其大者，以其博學也，此屬生物事，故黨人知之。達巷欲以學之一事名之，然而夫子博不可專舉。而達巷之所謂大，乃生物之大，其所以大夫子自不當。蓋君子不器，夫子所成在道。欲大夫子，當大其道，不當大其學，達巷自不能及此。且道無名，故達巷終不能名夫子也。

此章意義至深刻，學者其參透全書各章而得之也。

子曰：「麻冕，禮也；今也純，儉，吾從衆。拜下，禮也；今拜乎上，泰也；雖違衆，吾從下。」

今之純，非儉也，慢也，乃夫子則故以儉說之。今之無禮，乃一貫及於一切事，故純，故拜下，皆一貫無禮也。

子絕四：毋意、毋必、毋固、毋我。

意，臆測之臆本字。夫子無臆測也。必，適莫也。固，執也；夫子擇善而從也。我，我見也；惟義所在，無不從人。

夫仁知雙照，自無許多。此記者特舉四目以示學者行之於仁知未逮之時。

子畏於匡，曰：「文王既沒，文不在茲乎？天之將喪斯文也，後死者不得與於斯文也；天之未喪斯文也，匡人其如予何？」

文，今所謂學術也。夫子以學術之繼往開來自任，自知甚審，故自信如是篤也。文王蓋即近古學術之大集成者也，夫子蓋以己直承之。夫子之紹文王，直接學脈，乃係歷史文化之一大事，關係此後中國之整個歷史文化。苟非有夫子出，則斯文不待秦火而絕矣。雖經秦火而不絕者，夫子紹之深，發之弘也。夫子之歷史文化地位卽此便是素王矣。

附論一：文王之果爲夏、商以來學術之大集成者乎？

自周人滅商後全面改造歷史，文、武之跡，不無增美。夫子於周人所傳歷史信之不疑，吾人此章乃順夫子之意言之。今書傳箕子爲武王陳洪範，事雖未必信（洪範一篇作於戰國以降），要可知周人之陋。卽周公制禮，恐是掠殷人之美。蓋自殷末四王，已變兄弟相及爲父子相繼，則其宗法封建，恐已成規模，未必至周公始冒然而出。

附論二：論人文之廣狹二義及夫子天生之德與夫其對此一天命及歷史文化使命之自覺及其眞實地位

凡人之所表現曰人文；此廣義的人文。廣義的人文之結晶曰學術；此狹義的人文——此卽歷史的命根，文化的命根（人文亦必結晶爲學術，然後方有大力發展性）。此一歷史文化之命根，從來皆托之少數人之身。然當此之時，竟單獨落在夫子一人之身，此非生德厚不克承當。夫子而獨力承當此一非凡人所能單獨承當之重擔，固然自幼便有其對禮的一團興趣，長而對整個歷史文化命脈所寄的學術有自然的愛好，要非天意亦不能解釋。夫天地之非偶然，此可直覺得之；而生民之非偶然則尤鑿鑿；而人文之發展，有始有繼，其不是兒戲，其不能有始無繼，則益可確知者；且非止可確知者，其責任之所落，所落人物皆可感到其重量。夫子之於此整個歷史文化之承當則是如此確實。此非神話，亦無神祕。故夫子之接斯文，屢次自言其使命，臨危而益堅者，只是實在如此。吾人據二千年後而觀之，亦正得此，信一些子不妄。大哉夫子！

大宰問於子貢曰：「夫子聖者與？何其多能也？」子貢曰：「固

天縱之將聖，又多能也。」子聞之曰：「大宰知我乎？吾少也賤，故多能鄙事。君子多乎哉？不多也！」牢曰：「子云：『吾不試，故藝。』」

俗以才能言聖，達巷黨人驚夫子於博學，此大宰驚其多能。子貢始以聖與才能分別，曰又多能，已明聖非才能。夫子又申之曰不多，則更示才能不關聖。牢又附言，明才能是另一事。蓋才能屬生物層事，故曰「君子不器」。

子曰：「吾有知乎哉？無知也。有鄙夫問於我，空空如也；我叩其兩端而竭焉。」

兩端者，一常端，一異端。凡事思則得之，不思則弗得也。蓋宇宙係一理性的宇宙，苟放理求之，無不可知者。故人但秉一理性耳，用則知，不用則弗知也。雖然，推理之道，有常與非常，兩兼推之，聽者自明。

子曰：「鳳鳥不至，河不出圖，吾已矣夫？」

蓋因傳說以興歎也。然細尋之，當是後人假託語，此事不經，夫子必不云爾。

子見齊衰者，冕衣裳者，與瞽者，見之，雖少必作；過之必趨。

或義而貴之，或仁而哀之；要歸一本人文生命。

顏淵喟然歎曰：「仰之彌高，鑽之彌堅，瞻之在前，忽焉在後。夫子循循然善誘人，博我以文，約我以禮。欲罷不能，既竭吾才，如有所立，卓爾；雖欲從之，末由也已！」

謂之高堅則是，謂之瞻忽則非，是神之也。文者，今所謂學問也。禮者，人文之義也。約之於禮，乃可以勿畔。毋畔故不離於人，離於人，則生物而已，鳥獸羣矣。「欲罷不能」，好一個活活潑潑的人文生命，四字美甚活甚；此爲眞正的人的生命。末由者，年事未到也，到則亦卓爾高堅矣。

此回之所以爲好學也。夫子謂「回也不改其樂」，樂卽樂此也，其「欲罷不能」四字是也。然則此則苦矣，何得云樂？雖然，苦樂乃生物世界事，義理世界則無苦樂也。此中但一自得，自得我之本性本心也。

子疾病，子路使門人為臣。病閒，曰：「久矣哉！由之行詐也。無臣而為有臣，吾誰欺？欺天乎？且予與其死於臣之手也，無寧死於二三子之手乎？且予縱不得大葬，予死於道路乎？」

子路天眞，其行善亦自天眞，其行詐亦由天眞；皆是自然流露，無分毫心計在其中也。冉有則反是。然其與冉有之同爲庸俗不學，則無異也。孔門中眞達道者自顏回以下數人而已。若子路、宰我、樊遲則以天眞向道耳，非眞能達道也。至於冉有則偶出聖門而已，不關道也。自顏、曾外，子路、冉有皆是俗人。史記謂孔門三千，通六藝者七十二，誇言也。孔門盡在論語中，十數人而已，而其眞達道者纔若干，向道者若干，餘皆不關道，直是爲干祿來。

世以希臘之蘇格拉底與夫子並稱，良有以也。使蘇格拉底在中土，而有漢武，不異夫子矣。使夫子出秦西，不異蘇格拉底矣。孔門初不與蘇門異也，其勢殊者，後世遭遇異也。至於蘇格拉底之臨刑也，弟子勸之逃，夫子之有疾也，子路爲之請禱且設家臣焉，則又甚相似者也。然而有一異者，蘇格拉底居邦無道，不免刑戮，未知夫子居之，又當如何也？

子貢曰：「有美玉於斯，韞匵而藏諸？求善賈而沽諸？」子曰：「沽之哉！沽之哉！我待賈者也。」

夫子周遊列國，固當求善賈矣，非止待賈而已也。夫天生德於予，可不求乎？蓋求善賈而不得，故謂待也。必待而不求，則夫子不傳食諸侯間矣。其在孟子亦然。乃世則以求與待論，謂當待不當求，而以求爲下，此曲士之自高尚，非眞有愛於民人者，孔、孟不如是作也。夫水深火熱矣，豈可待乎？苟求而有體，求亦不失所待也。此義不可不辨。蓋後世儒者如宋儒，多止能坐議而不能行事，其於孔孟周遊行求辛苦之意乃全不能得之，遂以坐待失事，緣不識事體也。

子欲居九夷。或曰：「陋，如之何？」子曰：「君子居之，何陋之有？」

君子者，高度眞文明人也，高度眞文明人居之，則帶高度眞文明色彩，自不復陋也。

假文明且不如眞野蠻，夫子之熱情也而亦欲避世，彼隱者豈眞爲潔身亂大倫者乎？此與浮海，皆無可奈何之言。然亦見夫夫子之天眞及其赤子之心也。其在宋儒必不肯爲此言。宋儒忍性情，不肯一言苟。夫子性情眞，不飾喜、怒、好、惡。

子曰：「吾自衛反魯，然後樂正，雅、頌各得其所。」

夫子深於樂又深於詩，然此獨不及風，未知何故？待至自衛反魯者，周流四方，採訪考訂略定也。

子曰：「出則事公卿，入則事父兄，喪事不敢不勉，不為酒困，何有於我哉？」

捨此數事，我更無能者。此爲門弟子述其少年時事，即以此數事教之也。

子在川上，曰：「逝者如斯夫？不舍晝夜。」

即景感言，言至平易，只是尋常語耳。以知周易在夫子後。然自有人類以來，臨流感逝，在夫子前者，不知亦有人乎？吾意夫子第一人耳。然後人之感逝，或於體貌，或於年壽死生，類不出個我之情矣。夫子之感此也至健，爲夫盡性踐形，弘道復命之不及也。至於莊周以下及夫釋子，規規然以死生爲念，鄙哉！其不知命也。

子曰：「吾未見好德如好色者也。」

好色，生理事；好德，性理事。一在表，一在裏，一淺一深，宜其不爲一條也。食色，生物本能也，關係生存，故急；道德，不關生存，故緩，此其所以不如也。蓋道德者進化之最後階段也，其未臻最後階段而致此者，其惟豪傑之士乎？其在凡民，猶踽踽生物路上，不能好德，固矣。

附釋詞

德、色並指人，德指有實之人，色指有姿之人。

子曰：「譬如為山，未成一簣，止，吾止也；譬如平地，雖覆一簣，進，吾往也。」

爲仁由己，而由人乎哉？

子曰：「語之而不惰者，其回也與？」

惰、憚一語。佛曰「大雄」，曰「大無畏」；易曰「天行健，君子以自強（上聲）不息」。回也純粹一義理生命，語之卽赴，一往直前，若決江河。

子謂顏淵曰：「惜乎吾見其進也，吾未見其止也。」

與前章同意。

子曰：「苗而不秀者，有矣夫？秀而不實者，有矣夫？」

此悼回也。

此三章並惜回之語。

附釋詞

秀：秀，穗本字。詩黍離：彼稷之苗；彼稷之穗；彼稷之實。

子曰：「後生可畏，焉知來者之不如今也；四十、五十而無聞焉，斯亦不足畏也已。」

夫子他日遇故人，曰：「幼而不遜弟，長而無述焉，老而不死，是謂賊。」此聞字卽彼述也。四、五十當有所成，或成德或成業，多少有可稱述者，其或無之，則知其自廢，不足敬畏之矣。然及此時而發憤自勵，則亦未必不足畏也。此舉恆情言之。

子曰：「法語之言，能無從乎？改之為貴！巽與之言，能無說乎？繹之為貴！說而不繹，從而不改，吾末如之何也已矣！」

此涉人之志與氣。夫改過遷善，人性之所求，況法正順許之言乎？然而世乃多有不能者，是志氣未充故，此則末如之何矣。志氣之充，體質佔半，或不可勉強。故原則地言之，人人皆可以爲堯舜，事實則未必然，體質限之也。

子曰：「三軍可奪帥也，匹夫不可奪志也。」

使其志是也，不可奪固善矣；使其志非也，不可奪則殆已！此但言志之固執性，不問其是非當否也。

子曰：「衣敝縕袍，與衣狐貉者立而不恥者，其由也與？『不忮不求，何用不臧？』」子路終身誦之，子曰：「是道也，何足以臧？」

子路天眞，故輕易能此，而不必有義理。其在他人，則非講以義理不克爲此。惟其天眞，故終身誦之，誦有二義，一以自持，一以自喜。

夫天眞者本色也，不可染著，即染著一時，亦至易褪脫，此其處俗而又能脫俗也。

子曰：「歲寒，然後知松柏之後凋也。」

閱人觀事當至此，未至此則未爲有見也。

有德者必有言，夫子之德厚，故其言獨到。夫子言滿天下，古今一人而已。因其言以觀其德，則知其德爲生民未有。

子曰：「知者不惑，仁者不憂，勇者不懼。」

知，言認識論之知，謂於一定範圍內之人事與物事之知，故不惑。仁，言性地之發用。仁者超生物而無已，是以無憂。勇，言生理力量，其生理力量充足，故無懼；無懼謂無敵也，一氣無敵，故無懼。

此章自來無有眞知碻解者。往往以知、勇與仁並列，以仁爲一德，大誤。不知此之知、勇，豈得與仁並列？此夫子就人類三界，各舉其極品耳。其下界，生物人也，極於勇而不懼，此猶之虎之於百獸然。其中界，認識人也，極於知而不惑，此卽學人之於衆人也。其上界，道德人也，極於仁而不憂，此則夫子之於生民也。蓋就三界各言其極選耳。緣世俗之觀念於斯三界混而不能判且又惑其極選也，故夫子爲言之。中庸謂知、仁、勇天下之三達德，則自差於夫子甚。夫知、勇攝歸於仁，則其用正而弘，謂爲達德是矣，苟爲獨立，殆爲仁害，豈可謂爲達德哉？蓋知、勇非主體也，往往爲生物之用，若夫仁則自爲主體，不爲他用。故生物人而假之知假之勇焉，是猶虎而添之翼也。此故知、勇必攝歸於仁方爲善德，否則罔不爲惡德矣。此義本極分明，奈世人感於夫子之一例言之，而弗識其所以言之之由，遂並列之，至中庸乃且謬言之，而夫子三界極品之論遂晦，而三德之目於是誤立焉，而知、勇二德遂與仁齊。此則大謬不然矣。其誤皆在不識三界位地也。知、勇自是仁外事，自是道德以下事也。

附論

本章章句當依憲問篇以仁者領先爲是。

中庸以知、勇與仁爲三達德，實本憲問篇。憲問篇曰「君子道者三」，中庸遂以爲言。中庸作者於憲問篇未達夫子本意，故誤。

子曰：「可與共學，未可與適道；可與適道，未可與立；可與立，未可與權。」

此夫子自言及門諸子之等級，以見眞能從之者鮮也。此有無可奈何之孤獨悲感焉。夫學是一事，適道又一事，立又一事，能權又一事。夫子十五志學，三十而立，自五十知天命而後方漸能權，至六、七十遂純熟，不思而得，不勉而中，是權之至也。七十二子，各有事來共學，未必盡爲道也，其相與適道者，由賜參回，惟參回能立，回早卒，雖立未必能權，參後死，殆與夫子入於權矣。

「唐棣之華，偏其反而；豈不爾思，室是遠而。」子曰：「未之思也，夫何遠之有？」

道在邇而求諸遠，仁在內而求諸外，緣一意隔之也。唐棣翩翩，與鳶飛魚躍同意，並示夫機之靈也。謂但一翩一翻，卽轉悟道相仁體也。夫子雖未明言性善，此幾乎呼而卽出耳。及其言吾欲仁斯仁至，卽孟子彷彿接踵來焉。

附釋詞

偏：翩之叚。

反：翻之叚。

鄉黨第十

本篇夫子之起居注耳，而莫非克己復禮之實例也。

孔子於鄉黨，恂恂如也，似不能言者。其在宗廟、朝廷，便便言，唯謹爾。

朝與下大夫言，侃侃如也；與上大夫言，誾誾如也。君在，踧踖如也，與與如也。

君召使擯，色勃如也；足躩如也。揖所與立，左右手；衣前後，襜如也。趨進，翼如也。賓退，必復命曰：「賓不顧矣。」

入公門，鞠躬如也；如不容。立不中門。行不履閾。過位，色勃如也；足躩如也；其言似不足者。攝齊升堂，鞠躬如也；屛氣似不息者。出，降一等，逞顏色，怡怡如也；沒階，趨進，翼如也。復其位，踧踖如也。

執圭，鞠躬如也，如不勝，上如揖，下如授，勃如戰色，足蹜蹜如有循。享禮，有容色。私覿，愉愉如也。

君子不以紺緅飾。紅紫不以為褻服。當暑袗絺綌，必表而出之。緇衣羔裘；素衣麑裘；黃衣狐裘。褻裘長，短右袂。必有寢衣，長一身有半。狐貉之厚以居。去喪，無所不佩。非帷裳，必殺之。羔裘、玄冠不以弔。吉月，必朝服而朝。

齊必有明衣，布。齊必變食；居必遷坐。

食不厭精。膾不厭細。食饐而餲，魚餒而肉敗，不食。色惡不食。臭惡不食。失飪不食。不時不食。割不正，不食。不得其醬，不食。肉雖多，不使勝食氣。惟酒無量，不及亂。沽酒，市脯，不食。不撤薑食。不多食。祭於公，不宿肉。祭肉，不出三日；出三日，不食之矣。

食不語。寢不言。

雖疏食、菜羹、瓜，祭，必齊如也。

席不正，不坐。

鄉人飲酒，杖者出，斯出矣。鄉人儺，朝服而立於阼階。

問人於他邦，再拜而送之。

康子饋藥，拜而受之，曰：「丘未達，不敢嘗。」

廄焚。子退朝，曰：「傷人乎？」不問馬。

君賜食，必正席先嘗之。君賜腥，必熟而薦之。君賜生，必畜之。侍食於君，君祭先飯。疾，君視之；東首，加朝服，拖紳。

君命召，不俟駕行矣！

入大廟，每事問。

朋友死，無所歸，曰：「於我殯。」朋友之饋，雖車馬，非祭肉，不拜。

寢不尸。居不容。

見齊衰者，雖狎必變。見冕者，與瞽者，雖褻必以貌。凶服者式之。式負版者。有盛饌，必變色而作。迅雷、風烈，必變。

升車，必正立執綏。車中，不內顧，不疾言，不親指。

色斯舉矣，翔而後集，曰：「山梁雌雉，時哉！時哉！」子路共之，三嗅而作。

先進第十一

子曰：「先進於禮樂，野人也。後進於禮樂，君子也。如用之，則吾從先進。」

先進於禮樂未備，後進於禮樂備矣，故後進爲君子。先進謂三代以前，後進謂三代以來。此有感而言，蓋見夫春秋以來禮樂之具文而已，故爲是言也。他日，夫子曰：「禮云禮云，玉帛云乎哉？樂云樂云，鐘鼓云乎哉？」又林放問禮之本，皆此意也。夫夫子雖盛讚周文，言欲從周，然使其流爲虛文也，寧如其質；蓋謂使其徒盛於文而意不足，無寧取於意過而文簡也。此與吾從周章，非一時之言，此章蓋晚年話語。

子曰：「從我於陳蔡者，皆不及門也。」德行：顏淵、閔子騫、冉伯牛、仲弓。言語：宰我、子貢。政事：冉有、季路。文學：子游、子夏。

四科次第，自有輕重。

子曰：「回也，非助我者也，於吾言無所不說。」

夫理辯而後明，於回也不得辯焉。蓋夫子並世不得一知己以相辯明，乃幸得一回而回也不容辯焉。此固所以贊回之相知，而亦以憾其不爲辯難，恐不自知其過誤也；虛之至也。

子曰：「孝哉！閔子騫。人不閒於其父母昆弟之言。」

此言閔子騫能以孝感人，使人不欲訕言其父母兄弟也。蓋閔子騫家有似虞舜當時，苟非以閔子騫故，人之閒雜話且日蜚長蜚短矣。

南容三復白圭，孔子以其兄之子妻之。

夫人之嫁女也，亦願其平安到老耳。聖人之於子女猶衆人也。故妻公治長以己女，妻南容以兄之女，以二子皆能謹愼無過，不至非正命而死，可托女終身也。故爲子女謀，或爲人謀，則雖聖人亦不免計其生物邏輯也。然爲己謀則不爾矣。此義不能無分別。

季康子問：「弟子孰為好學？」孔子對曰：「有顏回者好學，不幸短命死矣！今也則亡。」

回也言語不及宰我、子貢，政事不及冉有、季路，文學不及子游、子夏，而獨以好德出諸子上。季康子之問固不在是，而夫子答之如此。古之學不謂是也，後之學亦不謂是也，學在外也，此學在內。此義一揭，而學之義一轉，其關係此後中國整部歷史至大。自孟荀並循此而下，至宋明諸子遂捨此不謂學，遂以成己爲學，而成物之學遂黜於儒門。

顏淵死，顏路請子之車以為之椁。子曰：「才不才，亦各言其子也。鯉也死，有棺而無椁。吾不徒行以為之椁；以吾從大夫之後，不可徒行也。」

此則無以私害禮也；人文之義徹內徹外，規定周至，無或差爽者。荀子所謂君子不以私欲勝公義者，顏路固莫之及也。

顏淵死，子曰：「噫！天喪予！天喪予！」

夫天以夫子爲木鐸，回不得爲木鐸也。回之來自顯一格風采，如斯而已。夫子之前無夫子，夫子之後亦無夫子，回不得爲夫子後也，回非助我者也。然其生命風采足可愛，以夫子觀之，且足以傳其道，是以慟之，謂天喪予也。實天未喪夫子，回原非爲此來也。

顏淵死，子哭之慟。從者曰：「子慟矣！」曰：「有慟乎？非夫人之為慟而誰為？」

同前章。

顏淵死，門人欲厚葬之。子曰：「不可。」門人厚葬之。子曰：「回也，視予猶父也；予不得視猶子也。非我也，夫二三子也！」

附釋詞

門人：門人，顏淵弟子。

季路問事鬼神。子曰：「未能事人，焉能事鬼？」「敢問死。」曰：「未知生，焉知死？」

此亦人文之義貫徹上下終始。蓋鬼神身後皆人文外事，但盡此內，不問其外爲如何也？且盡內卽所以盡外也，何暇求外哉？此義至健，方之世界各宗教，譬之泰山之於丘垤，不得同日語也。自夫子五十以還，此義遂立；夫子知天命而立焉。

閔子侍側，誾誾如也；子路，行行如也；冉有、子貢，侃侃如也。子樂，「若由也不得其死然。」

此時顏淵已死。

附論

樂字當從洪氏，乃曰字之誤。字之誤，當在漢末以後。

魯人為長府。閔子騫曰：「仍舊貫，如之何？何必改作。」子曰：「夫人不言，言必有中。」

其心仁，其言無不中矣。

子曰：「由之瑟，奚為於丘之門？」門人不敬子路。子曰：「由也升堂矣！未入於室也。」

丘之門，仁義而已矣！子路之瑟，家語云有北鄙殺伐之聲。

附釋詞

門人：門人，子路弟子。

子貢問：「師與商也孰賢？」子曰：「師也過，商也不及。」曰：「然則師愈與？」子曰：「過猶不及。」

譬之投鼠，或過之，或不及，皆未中鼠，而器破矣。人情有大誤似是而非者二，一以數大爲愈，一以過爲愈；此度量之習弊也。不知事必當體，理必當數，然後爲是；其有不當，則大小過不及均非也。然而人皆以大與過爲愈，此其所以害事也。

或以中庸自此出，非。蓋世以中爲折中，庸爲常。夫事理自有所當，非折可得；如折可得，則事理易爲矣。且事理固亦有常，然世之常，多習之常，非眞能得其常也。世之解中庸既非而且連本章言之，誤矣。蓋中庸之義，混跡無名之謂也，與此不相及。

季氏富於周公，而求也為之聚斂而附益之。子曰：「非吾徒也，小子鳴鼓而攻之，可也！」

求也固非為道來。

附釋詞

小子：小子，冉有弟子。

柴也愚，參也魯，師也辟，由也喭。

愚者謂其不計較，不爭取，安其分，非謂其知不足也。此之所謂愚，不關知，乃是一種心態，非知力之謂。甯武子有道則知，無道則愚，知力固不以有道無道變也。

魯者，今所謂反應遲鈍，辟之反也。

辟者，今所謂小聰明也。

喭者，喭、諺一字，出言鄙也，其心態粗俗也。

此夫子評諸子之語。

子曰：「回也，其庶乎？屢空。賜不受命，而貨殖焉，億則屢中。」

庶，受命也；然而屢空。不受命，然而富比諸侯。是富貴貧賤窮通在命之受與不受耳。命，人命也。惟人乃有命，物無命也。命在於性，惟人有性，物無性也。故盡性卽所以受命，性命全然義理層次。賜則在生物層次。富貴利達，不關義理，此物理事也，生物生存之所同趨也。「君子喻義小人喻利」章辨之詳矣。故受命必窮，不受命則不必窮焉；乃賜則且達矣。此猶之禽獸，受命而窮者，雖有爪牙角喙而不用者也；不受命而窮者，其用爪牙角喙而不利者也；不受命而達者，其用爪牙角喙而利者也。故物之存亡，其道有二：藏其爪牙而不用者必亡，用其爪牙而不利者亦必亡；凡此在生物界必不免者也。惟用其爪牙而利者，必存且昌焉；此生物之優勝者也。然而此與義理無涉，此物耳，不謂人也，人必在義理層次，人必且受命盡性；此所以異也。

本章命謂道德律，不謂自然律。

子張問善人之道。子曰：「不踐迹，亦不入於室。」

迹，俗世之迹也。室，猶孟子所謂堯舜之道也。不踐迹者，善人能不隨俗放於利而行也。不入於室者，而亦不能入堯舜之道也。善人者已原也，與鄉原皆不能入堯舜之道，爲其不知入也。乃善人雖不知入而無害堯舜之道，鄉原則害之；此其異也。

子曰：「論篤是與，君子者乎？色莊者乎？」

夫子於宰予曰「聽其言而觀其行」是也。色莊尤害於色令者。令色可見，莊色不可卽見也。其論之篤，豈可卽見乎？故觀其行耳。

附釋詞

與，許之段。

子路問：「聞斯行諸？」子曰：「有父兄在，如之何其聞斯行之？」冉有問：「聞斯行諸？」子曰：「聞斯行之！」公西華曰：「由也問『聞斯行諸』，子曰『有父兄在』；求也問『聞斯行諸』，子曰『聞斯行之』。赤也惑，敢問。」子曰：「求也退，故進之；由也兼人，故退之。」

由也勇於行善者也。求也非勇於行善者也，彼直權利害耳；故夫子欲因其未權也而遂行之。乃由也好勇過之，是以節之也。

子畏於匡，顏淵後。子曰：「吾以女為死矣！」曰：「子在，回何敢死？」

雖然，回也卒去夫子死矣！悲哉！回蓋不死於人而死於天也，故夫子慟曰「天喪予」。

附論

於人前不當直斥其死，此戲言耳。夫子戲言之，回亦戲答之；幸免過望，是以喜爲戲言也。

季子然問：「仲由、冉求，可謂大臣與？」子曰：「吾以子為異之問，曾由與求之問。所謂大臣者，以道事君，不可則止。今由與求也，可謂具臣矣。」曰：「然則從之者與？」子曰：「弑父與君，亦不從也。」

諸子遊夫子門久而不免爲具臣，則他人其不免爲從臣者矣。

子路使子羔為費宰。子曰：「賊夫人之子！」子路曰：「有民人焉，有社稷焉，何必讀書，然後為學？」子曰：「是故惡夫佞者！」

正爲不可以民人社稷而學，故謂其賊子羔，由不知反以爲辭。

子路、曾皙、冉有、公西華侍坐。子曰：「以吾一日長乎爾，毋吾以也。居則曰：『不吾知也。』如或知爾，則何以哉？」子路率爾而對曰：「千乘之國，攝乎大國之間，加之以師旅，因之以饑饉，由也為之，比及三年，可使有勇，且知方也。」夫子哂之。「求爾何如？」對曰：「方六、七十，如五、六十，求也為之，比及三年，可使足民。如其禮樂，以俟君子。」「赤爾何如？」對曰：「非曰能之，願學焉。宗廟之事，如會同，端章甫，願為小相焉。」「點爾何如？」鼓瑟希，鏗爾，舍瑟而作，對曰：「異乎三子者之撰。」子曰：「何傷乎？亦各言其志也。」曰：「莫春者，春服既成，冠者五、六人，童子六、七人，浴乎沂，風乎舞雩，詠而歸。」夫子喟然歎曰：「吾與點也！」三子者出，曾皙後，曾皙曰：「夫三子者之言何如？」子曰：「亦各言其志也已矣！」曰：「夫子何哂由也？」曰：「為國以禮，其言不讓，是故哂之。」「唯求則非邦也與？」「安見方六、七十，如五、六十，而非邦也者？」「唯赤則非邦也與？」「宗廟會同，非諸侯而何？赤也為之小，孰能為之大？」

點之答語自與夫子問語不相應。然夫子喟然歎許之者，自我之把握，固大人之所同也。惟彼小人者矻矻求生，自生至死，未嘗知有我也，況把握自我乎？雖然，惟大人而知有自我，乃夫子栖栖遑遑，一似不知疲者，豈眞無疲者乎？夫子不得息也！生民塗炭，夫何暇顧我哉？是知聖人亦未嘗無我，乃不暇自顧耳。乃孔門熱中，曾皙一語，譬諸一泓清泉，沁人心脾，遂使熱意頓消。夫子勞碌一世，聞此一語，且直欲廢然反自索矣。曾皙固孔門中之莊周也，今莊子書中多儒家手筆，得非曾皙之徒之所爲乎？余疑莊周或出曾皙一系。蓋自我之把握可謂自曾皙始，若夫長沮、桀溺、荷蓧丈人、晨門之屬及夫作者七人，並皆避世之士也。避者，避害也；作者，起避之也——皆非能把握自我者。至於楚狂接輿，則中心愴痛，繫情民瘼，掩於佯狂耳；是直夫子之徒，非把握自我者也。其在顏淵、閔子騫、冉伯牛，是止把握道德主體，非把握自我者也。自我者，生命之自體，為夫生理我、心理我、精神我，若認識我、情意我、道德我之所歸之所本之所自發所自成者。此一自我之發現，方為自我之眞發現；此一自我之把握，方為自我之眞把握；餘皆自我之分割滅裂耳。故自自我之把握言之，夫子棲遑，亦自我之分割滅裂也。然而世豈眞有把握得自我者乎？曾晳固欲把握自我矣，乃眞得恆把握之乎？意者猶未能也。夫欲把握自我，須當直下把握之，然而世未數數見也。夫我之開展，乃緣境而發。境不得遍也，不能無偏也，是我之開展形成，有所制矣。故夫子所成一仁體，卽所謂道德主體也。此在人為完人矣，而自自我言之，此之成就全不相涉，畢竟無得於自我也。蓋自我之眞正把握須直下得之，而人鮮能直下得者，人恆於發展形成中得其自我，此則偏畸矣。此所得者，一發展的偏畸的我，非彼直下所得自我之本體自身也；此似之而非，非眞自我也。自我者，以自由為性，欲無累者也。凡此諸我，皆不自由，皆累也。此是自我之緣境開展之定局，反爲自我累，反礙其自由，況其重累之外物乎？故求把握自我者，必取無累姿態，去外物且去諸我，直現自我之本體焉。若曾晳當時，其自我本體畢現矣，第未必終身恆現耳。其終身恆現自我本體者，是謂至人謂眞人，卽莊書純粹人格也。此義俟後來道家（卽莊家）諸大師發之而推乎至極，是又軼出於孔門之成就者也。

附論

崔述謂本章面稱夫子，乃戰國時人所撰；又謂學老莊者之所僞托，語意類於莊周。按謂本章成於戰國則可，謂其類莊周則不可。試以此置之南華中，豈似哉？凡莊書中文字，暢衍逍遙、無爲、道德、自然之旨，語皆玄深華妙。此章寫曾晳及夫子歎語，樸實直截，安得如南華氣息？且此寫曾晳，常情之所有也，而夫子之歎亦常情有之。子且欲浮海欲居九夷欲無言，乃其忽聞點之一言，豈不容其一語讚歎耶？東壁之待夫子蓋亦太過矣，乃不許夫子之一念及於休息也。且人之情性自不齊，孔門中自非盡爲仕來者；不見回之在陋巷，豈有絲毫仕意？其如閔子騫則欲走汶上。點之欲浴沂風雩詠歸，豈卽遂違師門耶？凡此皆恆情之所固有，事理之所當然者，必欲一意抹煞之，祇自見其狹耳。

附釋詞

如：如五、六十，如會同之如，猶或也。

喟：喟、慨一聲之轉。

與點：與，許之叚。荀子作予，大略「言味者予易牙」。

顏淵第十二

顏淵問仁。子曰：「克己復禮為仁。一日克己復禮，天下歸仁焉。為仁由己，而由人乎哉？」顏淵曰：「請問其目。」子曰：「非禮勿視，非禮勿聽，非禮勿言，非禮勿動。」顏淵曰：「回雖不敏，請事斯語矣！」

夫禮，仁之發也。仁者，人性也。故禮者，人之文也。故踐人文卽所以盡性。故顏淵問仁，夫子答之曰「克己復禮」云云。

附論一：禮之形成及其與人人性分發與未發之量距

夫禮者人羣累代增益之所成，蓋發於人性之自體，形於人生之實際者也；是集人羣性分已發之總量，殆幾於盡之者也。是以此一性分之總量之禮，其於個人性分之已發者，其量距至於千差萬殊，賢者近之，不肖者遠之，而要難於等埒之也；能與之等且過之者，其惟聖人乎？故禮之於匹夫匹婦，如純外在之規定然，如不出於性分然。夫總量之於個量，其差鉅已！故荀子遂以禮生於聖人，至主性惡。此則蔽於量距之見也。顏淵問仁，夫子但曰克己，且爲陳節目，一似禮外於性然。然則此乃示學者致力之方，毋得遽言本性以示之。故其臻於純熟也，遂曰「吾欲仁，斯仁至」。通論語全書，示學者用力處皆如此。惟孟子能得夫子本意，發爲性善說。

附論二：禮之意義

禮卽人文。厥義有二：一曰質文之文，二曰節文之文。子貢謂虎豹之鞟猶犬羊之鞟。故虎豹失文則不成虎豹。惟人亦然，人而失人文則亦不成人焉。故禮者人類之所然也，無禮則不成其爲人類矣。此其前義。故人類若失此一義之禮，則止成一鞟，則失人類之形容，則其一切活動亦皆無繫而成爲不可能，而此一鞟則與一般動物無擇焉。禮之另一意義節文之文，卽荀子致士篇所云「禮者節之準也」是。此義則非如第一義之爲正面的人文，正面的人文是仁性之積極的發揚，璀璨斑爛，足以顯示人類之美。此第二義係仁性之消極的制約，其所對則人之個我，於此而爲之制約調和。此是自身規定之文，此義在人雖極重要，但不代表人性之正面光輝；人性之正面光輝，全由第一義之禮發。鄉黨篇所記夫子之起居行止大體屬第一義之禮。本章答顏淵問仁則屬第二義。然此第二義乃含二義：一對個我自身之制約，一對諸個我關係之調和。蓋所謂個我者實含二身：一精神的個我，一肉體的個我。所謂個我者，不論其爲精神的抑肉體的，並以無限的自由爲其究竟要求。故個我之爲物，乃一無限的自由體耳；其性固不欲受約束也。乃世界則非寡頭的惟一個我之所在已也。此則禮之第二義出焉，乃爲之調和諸個我使各在其分焉。故此第二義可謂對個我之壓抑或抹煞。然儒家不成就個我，其所成就則「人」之一字而已。此一「人」（道德的生物）之成就厥在第一義，而第二義乃爲之副焉。此爲禮之正面與偏面之含義。

仲弓問仁。子曰：「出門如見大賓，使民如承大祭；己所不欲，勿施於人；在邦無怨，在家無怨。」仲弓曰：「雍雖不敏，請事斯語矣！」

雍也篇子謂仲弓可使南面，此問仁，答言出門、大賓、使民、大祭等語，皆人君之事，雍未到此也。知此乃因雍有人君氣象，故答語似之，一如其傳世子者。然雍果事斯語，則其氣象中自立出一敬天承命之至嚴肅精神矣。此則夫子欲求之雍，而不可得諸子桑戶者。

司馬牛問仁。子曰：「仁者，其言也訒。」曰：「其言也訒，斯謂之仁矣乎？」子曰：「為之難，言之得無訒乎？」

以上三章，皆特指一事言之，問在此，答在彼，不必全相應。仁之義，不如是滯也。

附釋詞

訒：訒之言韌也，言不能脫口也。

司馬牛問君子。子曰：「君子不憂不懼。」曰：「不憂不懼，斯謂之君子矣乎？」曰：「內省不疚，夫何憂何懼？」

義理世界中，無生物的利害得失，因亦無憂懼之概念。

司馬牛憂曰：「人皆有兄弟，我獨亡！」子夏曰：「商聞之矣：『死生有命，富貴在天。』君子敬而無失，與人恭而有禮，四海之內，皆兄弟也。君子何患乎無兄弟也？」

恭敬有禮而無失，則四海皆兄弟。苟爲不爾，鬩於其牆。

夫父母子女兄弟姊妹，此人文生命整體之關係也；此在物理，上下四方是也。故上下四方具而世界成體，父子兄弟具而人類成體。人體者一人文生命之體也，此乃人類之所獨有，物類無是也。體有性焉，惟性卽仁也，仁所以繫此體也。於父是爲慈，於子是爲孝，莫非一體之仁之發也。故依此人文生命之整體言之，四海之內皆父母也，皆兄弟也，皆子女也。此義全然自仁性立，物類無此性，因無此關係。故父母子女姊妹兄弟者，存乎人文生命且以成人文生命，而物類不與焉。此義至周公而完全成立，子夏一語點出，遂成名言。游、夏在文學科，宜有名言。

子張問明。子曰：「浸潤之譖，膚受之愬，不行焉，可謂明也已矣！浸潤之譖，膚受之愬，不行焉，可謂遠也已矣！」

明者合日月爲字。有日月之光方足以明；若夫無日月之光，則雖欲明不可得也。人必先心體光明，則事可明。世之患，心體先無光耳。無光則舉一切邪慝近之矣，以其無明也。故惟明而後能遠之。

子貢問政。子曰：「足食、足兵，民信之矣。」子貢曰：「必不得已而去，於斯三者何先？」曰：「去兵。」子貢曰：「必不得已而去，於斯二者何先？」曰：「去食。自古皆有死，民無信不立。」

夫民之於仁也，甚於水火，固去食存信也。子貢在言語科，問至於盡地，然亦正至於盡地，乃見本體。詳說見衛靈公篇民之於仁甚於水火章注。

棘子成曰：「君子質而已矣，何以文為？」子貢曰：「惜乎！夫子之說君子也，駟不及舌，文猶質也，質猶文也。虎豹之鞟，猶犬羊之鞟。」

文猶質質猶文者，言文卽是質，質卽是文，文質不相離，離則文質俱失喪不復存矣。故曰：「虎豹之鞟，猶犬羊之鞟。」子貢主文質一體說，前人無有一得其解者。故朱子爲集注，解曰「獨存其質」云云，蓋坐不識子貢語，因致誤解也。實則離文則質不復存，去毛之鞟，既不得爲文，亦不得爲質，緣其文質俱已斲喪不復在也。子貢此意與現代存在哲學存在卽是本質，離存在則無本質，義極似。此是一新義，惜其在言語科，未發爲一新的哲學也。然千年而下，卽宋儒亦仍不能及此，朱子之誤解，固也。

本章在中國哲學史上地位，當重新估計。此是一嶄新概念，當與孟軻性善說、易、中庸同列。

哀公問於有若曰：「年饑，用不足，如之何？」有若對曰：「盍徹乎？」曰：「二吾猶不足，如之何其徹也？」對曰：「百姓足，君孰與不足？百姓不足，君孰與足？」

但思其爲民脂民膏，便不覺汗漫然，食不下咽，坐不安席，惶惶不可終日矣，而況年饑乎？有若策曰徹者是也。常年十二，饑年減一，是情理之所當然也。然哀公問在君，而有若答在民，答非所問，蓋以答正問也。故問是則承答，問非則正答。

子張問崇德辨惑。子曰：「主忠信，徙義；崇德也。愛之欲其生，惡之欲其死，既欲其生，又欲其死，是惑也。」誠不以富，亦祇以異。

愛生惡死一語，極精彩！然「崇德辨惑」一問，不似孔門問語，其答語尤不似夫子口脗。殆後儒偶託之孔門問答也。

附釋詞

誠不以富，亦祇以異：此八字抄寫者偶書之，誤入正文。

齊景公問政於孔子。孔子對曰：「君君，臣臣，父父，子子。」公曰：「善哉！信如君不君，臣不臣，父不父，子不子，雖有粟，吾得而食諸？」

夫子之答此固有意，而其言雖百世不可易。爲政之道，定人倫爲先也。人倫未定，則政無可繫，雖欲求治不可得也。

子曰：「片言可以折獄者，其由也與？」子路無宿諾。

由以義服人，人待其決耳，不欲求其辭也。此眞信得過，否則雖累陳之，猶不能服也。此譬之今之電腦，人不求其推理演算，但求其答案；人於其推斷信得過也。由卽一舉手示之，或一反掌示之，足矣！況出片言哉？今之訟獄，且待律師折衝，微矣哉！由無宿諾，由之片言折獄有以矣夫？

子曰：「聽訟，吾猶人也，必也使無訟乎？」

此又進於由矣！非由所及也。人但見之便撤其訟，未折而是非自明，聖人之德之至也。由感義；此感德。

子張問政。子曰：「居之無倦，行之以忠。」

八字盡仕道，聖人眞不可及。居謂居己也，行謂行己也。爲君牧，致其身而已。

子曰：「博學於文，約之以禮，亦可以弗畔矣夫？」

重出。

子曰：「君子成人之美，不成人之惡；小人反是。」

君子一心是美，小人一心是惡；故爾。

季康子問政於孔子。孔子對曰：「政者，正也。子帥以正，孰敢不正？」

所謂爲政以德，政之極必當喚起人之道德主體也。故必先自立道德主體，則政可施；否則無非盜賊也，防不勝防，殺不勝殺矣。故道之以政，齊之以刑，祇是維持一政體而已，非能建立一倫體也。故政治法律，畢竟非人類之正體，一日不為德治禮法，則天下無望平矣。

季康子患盜，問於孔子。孔子對曰：「苟子之不欲，雖賞之不竊。」

同上章注。

季康子問政於孔子曰：「如殺無道，以就有道，何如？」孔子對曰：「子為政，焉用殺？子欲善而民善矣。君子之德風，小人之德草，草上之風，必偃。」

注同上

附記

上三章傳聞之詞，非出及門，故答語稱孔子。

子張問：「士何如斯可謂之達矣？」子曰：「何哉？爾所謂達者。」子張對曰：「在邦必聞，在家必聞。」子曰：「是聞也非達也。夫達也者，質直而好義，察言而觀色，慮以下人，在邦必達，在家必達。夫聞也者，色取仁而行違，居之不疑，在邦必聞，在家必聞。」

達者必聞，聞者未必達；聞，聲爾。「察言觀色慮以下人」八字，可疑。夫質直好義，則不能察言觀色，慮以下人。八字明是小人嘴臉，當移置「色取仁而行違」之下。然「質直而好義」下則有奪文。

樊遲從遊於舞雩之下，曰：「敢問崇德、脩慝、辨惑。」子曰：「善哉問！先事後得，非崇德與？攻其惡無攻人之惡，非脩慝與？一朝之忿，忘其身以及其親，非惑與？」

三語皆尋至根本，通論語全書，厲行之語，獨此最切實。然此與子張問崇德辨惑章疑皆非眞孔門問答也；不爲偶託，當是誤記。

樊遲問仁。子曰：「愛人。」問知。子曰：「知人。」樊遲未達。子曰：「舉直錯諸枉，能使枉者直。」樊遲退，見子夏曰：「鄉也，吾見於夫子而問知，子曰『舉直錯諸枉，能使枉者直』，何謂也？」子夏曰：「富哉言乎！舜有天下，選於衆，舉皋陶，不仁者遠矣；湯有天下，選於衆，舉伊尹，不仁者遠矣。」

蓋須或出爲邑宰，故夫子答之如此。然須獨好爲仁知之問，須之於夫子道，亦知其要矣！惜其鈍滯不達，多不能領悟也。雖然，須固弗失赤子心者，是以直而不能曲也。與子路並是童心到老，年事不入者也。

子貢問友。子曰：「忠告而善道之，不可則止，毋自辱焉。」

終不脫生物話語。

曾子曰：「君子以文會友，以友輔仁。」

天下萬世一名言也。所謂有德必有言，其德厚，其言到。君子文所以會友，友所以輔仁也。

附釋詞

文：文，今所謂學問也。

子路第十三

子路問政。子曰：「先之勞之。」請益。曰：「無倦。」

此言地方小政治，子路固不足以治大。

仲弓為季氏宰，問政。子曰：「先有司，赦小過，舉賢才。」曰：「焉知賢才而舉之？」曰：「舉爾所知，爾所不知，人其舍諸？」

仲弓有南面格局，使之爲宰，自覺闊蕩。然闊則略，蕩則游，是以舉三事定之；爲宰之道，盡於此三者矣。

子路曰：「衛君待子而為政，子將奚先？」子曰：「必也正名乎？」子路曰：「有是哉？子之迂也！奚其正？」子曰：「野哉！由也。君子於其所不知，蓋闕如也。名不正則言不順，言不順則事不成，事不成則禮樂不興，禮樂不興則刑罰不中，刑罰不中則民無所措手足。故君子名之必可言也，言之必可行也。君子於其言，無所苟而已矣。」

君君、臣臣、父父、子子，而天下定，而政行焉。正名者，正此分位之名也。正名卽所以正分位也。名者人治之大，天下所當同正，初不限此時之衛爲然也。子路不知，反以夫子爲迂。易曰：「天尊地卑，乾坤定矣。」中庸曰：「天地位，萬物育。」故名位正則舉一切所以治安者皆在，名位不正則胥失而顚倒紛亂；此所謂「禮樂不興」是也。迨夫一切顚倒紛亂，雖欲鎭之以暴力，不可得已；此所謂「刑罰不中」是也，是徒禍國殃民耳。然而傾者終當歸於正，亂者終當歸於定；此自然之理也。故傾名僭位，終且淹沒於人文正統之來復矣。是以君子必居名位之正，然後事有可爲耳。

樊遲請學稼。子曰：「吾不如老農。」請學為圃。曰：「吾不如老圃。」樊遲出。子曰：「小人哉！樊須也。上好禮則民莫敢不敬，上好義則民莫敢不服，上好信則民莫敢不用情。夫如是，則四方之民，襁負其子而至矣！焉用稼？」

夫子所設者政治學校也。在政治學校而求學稼爲圃，宜被譏爲小人矣。小人者，老百姓也。穡稼菜蔬，固小老百姓之所事也。若夫君子者，仕與學耳。學而優則仕，仕而優則學；君子之所事，此二者而已。此是當時知識分子之天職，進則齊家治國平天下，退則修詩書垂空言治文學，如此而已。以今語出之，君子之天職，進則治民，退則治學。治民是承天景命，作之君作之師，治學是紹承斯文，繼往開來。此二義極要緊，責無旁貸。二千年來，中國知識分子皆能以此爲己任，此在全世界知識分子，惟在中國方有此自覺，而此乃自夫子發之。然近今或有以此爲夫子詬病者，謂中國器學之不立，實撓於夫子。此不明歷史之弊見也。

君子不器章論之詳矣。然其病夫子者，自當時已然。荷蓧丈人乃謂：「四體不勤，五穀不分。」此自無歷史文化意識，不識責任。

子曰：「誦詩三百，授之以政，不達；使於四方，不能專對；雖多亦奚以為？」

是文學的政治也，莫與為美矣。

附釋詞

誦：誦、詠一字。

詩三百：原本此數，自無許多也。

子曰：「其身正，不令而行；其身不正，雖令不從。」

夫人心中自有道德格準，特溺於生物耳。故為政不在號令，苟能立得道德格準於上焉，則人人之格準亦且自立於下焉；否則，共溺耳！則上下皆生物耳，生物則競為生存而已！

子曰：「魯衛之政，兄弟也。」

此言其歷史關係，又因其歷史關係而諷其亂之似也。

子謂衛公子荊善居室。始有曰：「苟合矣！」少有曰：「苟完矣！」富有曰：「苟美矣！」

士不懷居，士而懷居則不足以爲士矣。夫士志於道，初無措意於是也。

附釋詞

苟：苟，今語馬馬虎虎也。不著意曰苟。

子適衛，冉有僕。子曰：「庶矣哉！」冉有曰：「既庶矣，又何加焉？」曰：「富之！」曰：「既富矣，又何加焉？」曰：「教之！」

此與子貢問政言去食章同，並陷入問答定局，前陷於去字，此陷於加字，實富與教當並進。孟子謂民無恆產因無恆心。管子曰：「衣食足，知榮辱。」使足衣食則可教矣，不待致富。

子曰：「茍有用我者，朞月而已可也；三年有成。」

見其既庶矣，富與教直可施，故云云。內心自是多少惋惜。

子曰：「善人為邦百年，亦可以勝殘去殺矣。」誠哉！是言也。

亦但至此，不能更進於堯舜之道。

附釋詞

誠哉是言也：五字抄書者按語，誤入正文。

子曰：「如有王者，必世而後仁。」

仁，謂民興於仁也。此如冬至一陽生，乃必至於夏至，生理始暢茂也。

子曰：「苟正其身矣，於從政乎何有？不能正其身，如正人何？」

此亦謂爲政之道在立起道德格準而已；橫渠所謂爲天地立心是也。天地之心不立，格準止在生物，則牛馬牧耳。

冉子退朝。子曰：「何晏也？」對曰：「有政。」子曰：「其事也？如有政，雖不吾以，吾其與聞之。」

夫子溫而厲，然亦莫可奈何。

定公問：「一言而可以興邦，有諸？」孔子對曰：「言不可以若是其幾也。人之言曰：『為君難，為臣不易。』如知為君之難也，不幾乎一言而興邦乎？」曰：「一言而喪邦，有諸？」孔子對曰：「言不可以若是其幾也。人之言曰：『予無樂乎為君，唯其言而莫予違也。』如其善而莫之違也，不亦善乎？如不善而莫之違也，不幾乎一言而喪邦乎？」

定公之問，急而無智。

葉公問政。子曰：「近者說，遠者來。」

此是開發期之政治，然爲政之道，亦在愛民而已。

子夏為莒父宰，問政。子曰：「無欲速，無見小利。欲速則不達，見小利則大事不成。」

凡生事皆如此，初不限於爲政爲然也，惟於爲政其害獨滋大而宜愼之耳。

葉公語孔子曰：「吾黨有直躬者，其父攘羊，而子證之。」孔子曰：「吾黨之直者異於是！父為子隱，子為父隱，直在其中矣！」

儒家有禮無法，有情理無法理。儒家至荀卿由禮轉出法字。自治道言，此是客觀要求不得不至。但自儒家自身言，荀卿是孽子庶出，自非正宗；且嚴格言之，已違叛儒學。蓋禮是一套，法是一套。禮一本，法一本；兩不相涉。禮出於仁，是道德的制約；法是生物利害的制約。在法爲當然者，在禮則未必然；禮之所然，在法則亦未必然。葉公子證父爲直，孔子則不謂直。各是一本；葉公本法，孔子本禮。孟子盡心篇且出一題，直逼至窮極處以見儒家立場。舜爲天子，皐陶爲士，瞽叟殺人。正與本章同，均是舉法之侵禮逼禮之際以究本旨。孟子瞽叟殺人章及本章俱是好題材，必逼至背水負隅處，始見虎力。一學說立場往往須逼至窮處而後本旨始全然顯露。且就法治言之，瞽叟殺人，舜負之逃於海濱，使天下父子盡相負以遵乎海濱而處，復成何法治？豈不大亂？如本章父子盡相隱，則羊之不被竊者幾希矣。故講法治，則不容父子相負相隱；然孔子孟子皆不謂然。蓋孔孟不講法，其所講乃禮而已。然則孔孟皆不講治乎？人羣固不能無治也，孔孟只講禮治。法治下之人羣是一樣形態，而禮治下之人羣自又一樣形態。治道不限於法之一途，且法之一途究竟能治與否正是一問題。在孔孟則據「天生烝民，有物有則，民之秉彝，好是懿德」而斷其不能治。蓋法字無人性根據，亦無客觀形上根據。故法治雖有法的標準，此一標準卻非眞標準。禮治下禮的標準方是眞標準。故禮自有標準，自有致治之道在。如石碏誅厚，稱大義滅親，禮的標準固亦嚴峻不可干觸矣。故自禮以視法，因法之本在生物利害，不論其標準如何嚴峻，究屬生物層事。此則非眞正的人事，自此一標準以言人事以治人事，止足敗事，正是壞了人事，非止不能望治，且壞了綱紀。如此則無異敗亂人羣。故法本身便是反人文壞人文。由法，人羣不能成體，以其無綱紀，無綱紀則亂了綱紀。葉公本以其黨自誇，孔子聞之，只覺壞了黨體，故答以父子相隱。葉公自不能會此意。豈止葉公，蓋自春秋以還至於今，有國有土者，復有幾人會得？故二千五百年間，終不成治。試觀二千五百年間立法者可曾爲父子相隱相負立得一律者？如此刬割人情，又何能望於治也？

附釋詞

攘：攘、掠一字。

樊遲問仁。子曰：「居處恭，執事敬，與人忠。雖之夷狄，不可棄也！」

夫仁，人性也，必且盡性踐形始得謂之人。然則欲成乎人，斯盡斯性踐斯形已耳，不問所在也。豈止之夷狄不可棄，卽入鳥獸亦不可棄；但一息在，卽不可棄；但一顧念吾身爲人類也，非鳥獸也，非介乎人類與鳥獸之間的夷狄也，則卽此身在則不可棄。故曰：「造次必於是，顚沛必於是。」狗棄狗性則不成狗，人棄人性焉得成乎人哉？故仁抵死不可棄。

恭、敬與忠乃爲仁之工夫。

附釋詞

夷狄：夷、狄、戎、蠻，今語統謂之番。番者，介乎人禽之間之一生類也，與人不同類。緣彼無有人性，故雖有人形而不謂之人。人性之呈露，必有禮文。

子貢問曰：「何如斯可謂之士矣？」子曰：「行己有恥，使於四方，不辱君命，可謂士矣。」曰：「敢問其次。」曰：「宗族稱孝焉，鄉黨稱弟焉。」曰：「敢問其次。」曰：「言必信，行必果，硜硜然小人哉！抑亦可以為次矣。」曰：「今之從政者何如？」子曰：「噫！斗筲之人，何足算也！」

此列士之三品：一國士，二鄉士，三碻士。斗筲猶今云升斗。今之從政者，不出衣食生物事外，瑣瑣焉爲錙銖，豈足謂士？

附釋詞

硜：硜、鏗一語，其聲碻。

子曰：「不得中行而與之，必也狂狷乎！狂者進取，狷者有所不為也。」

狂者過之，狷者不及，皆非中行。然中行者千不得一，緣人不能無血氣，有血氣則難乎中矣。彼血氣之激越者爲狂，其凝集者爲狷，若夫其渙散者，則不能爲亦不能不爲。

附釋詞

中：中者無過不及之謂，非折中也。蓋處事當其體，達理當其數，夫是之謂中。中之一詞，假借之方便語也。中行與中庸非一詞，其義逈異，不得混一言之。

狂狷：狂狷卽抗拘，狂狷抗拘聲近。劉邵人物志體別第二云：「中庸之德，其質無名。……抗者過之，而拘者不逮。」又云：「拘抗違中。」

子曰：「南人有言曰：『人而無恆，不可以作巫醫。』善夫！」「不恆其德，或承之羞。」子曰：「不占而已矣！」

巫卽醫，所以治人疾病者。生死賴之，所繫重大。苟爲無恆，則其人心無常軌，不可得而知，則亦不可得而寄身命矣。蓋凡物皆有恆，牛知其可服，馬知其可乘，此其恆也。苟牛馬而無恆，則牛不可知其可服，馬不可知其可乘，或才發軔而輟，或甫驅馳而覆，不可代步已。其於巫醫，尤不足寄矣。故物必有常德，方可認識，方可了解，方可得而把握之。其在人尤然，一無常德之人，他人無法對之認識，對之了解，對之加以把握，既不能用亦不能近，彼其害且過洪水猛獸蛇蠍虺蜮。夫洪水之屬，皆有常德，可知可避，獨此無之，故最爲可畏；緣彼無常不可知也。凡世界中事物，無不可知者，故皆可與周旋，其有一不可知者，則危矣。巫醫繫人命，彼無恆德，則焉可寄也？他皆如此，不獨巫醫爲然。此特舉其尤切者，明無恆之烈耳。

附釋詞

不恆其德以下十五字：此十五字羨文，與上文不相屬。易之成書在曾子後。艮卦象辭曰「君子以思不出其位」，而憲問篇明著「曾子曰君子思不出其位」。果易在曾子前，則不當記作曾子曰云云。此十五字抄書者偶附，誤入正文。

子曰：「君子和而不同；小人同而不和。」

和者樂音，同者雷聲，樂音諧，雷聲混。

子貢問曰：「鄉人皆好之，何如？」子曰：「未可也！」「鄉人皆惡之，何如？」子曰：「未可也！不如鄉人之善者好之，其不善者惡之。」

凡人多患度量之弊，今之投票多數決，其一顯例也。蓋質量不通變也。夫惟仁者然後能好人能惡人，苟非仁者，雖積鄉人千人萬人無當於一仁人；眞理不能以數決也。然則仁者難得，無已，則以類辨之，而莫取於度量也。

子曰：「君子易事而難說也，說之不以道，不說也；及其使人也，器之。小人難事而易說也，說之雖不以道，說也；及其使人也，求備焉。」

一義理人，一生物人。

子曰：「君子泰而不驕；小人驕而不泰。」

驕、泰似而殊，俱是臨人之德。一志意激窄，一氣象闊大；一有恃，一無恃。或恃富，或恃強，或恃勢，或恃才，皆驕也，其無恃而自然則泰也。君子泰以義理，小人驕以生物。故有得於義理而泰，有得於生物而驕。皆得也，所得異而德殊焉。故義理之得爲泰，而生物之得乃驕也。義理、生物，一紙分矣。

附釋詞

泰：吾鄉今猶謂人氣奢大曰泰，古之遺語也。驕、泰之似處此可見之。驕、泰止一紙之分。泰之義，今之常語，闊氣一詞近之。泰，讀上聲。

子曰：「剛毅、木訥，近仁。」

近此則遠彼。

子路問曰：「何如斯可謂之士矣？」子曰：「切切偲偲，怡怡如也，可謂士矣。朋友切切偲偲，兄弟怡怡。」

此針對子路之所短，然此則中士而已。參子貢問士章。

子曰：「善人教民七年，亦可以卽戎矣。」

教者，教其行伍進退，下章同。雖善人亦必七年而後可，其非是者，雖七年以上，亦未可也。

子曰：「以不敎民戰，是謂棄之。」

不教則猶之毆就戮耳。

此二章皆因事而發。

憲問第十四

憲問恥。子曰：「邦有道，穀；邦無道，穀—恥也。」「克、伐、怨、欲不行焉，可以為仁矣？」子曰：「可以為難矣！仁則吾不知也。」

生物無恥，恥惟人乃有之。人而生物曰恥。故人能免於生物則可無恥，苟不能免於生物則恥在焉。恥之事，繁不可悉舉。有大小深淺，依於人與生物之比例。故君子而有恥，則恥於小人矣；以其人厚而生物薄也。小人之恥則甚微；以其人薄而生物厚也。憲問恥，夫恥有萬般，乃都弗舉而獨舉仕者，蓋深惡夫士之無恥也。曰：「鄙夫可與事君也與哉？其未得之也，患得之；既得之，患失之；苟患失之，無所不至矣。」故曰「邦有道，穀；邦無道，穀」，一味求祿，欲得而已，此誠鄙夫也，此與商賈之務爲營利一也，皆生物而已，故恥也。子路曰：「君子之仕也，行其義也。」不爲穀也。仁者全德，憲亦不知仁。

子曰：「士而懷居，不足以為士矣！」

居，生物事。

子曰：「邦有道，危言危行；邦無道，危行言孫。」

危言危行者，義理特立也。言孫者，君子不立乎巖牆之下也。

子曰：「有德者必有言，有言者不必有德。仁者必有勇，勇者不必有仁。」

有德者必有言，此周延，反之不周延。蓋人生乃一行的範疇，有驗故有言；然言未必皆出於驗。此言德之兼美，故有德乃兼有言；苟非有德，徒言而已。

仁者必有勇，此周延，反之不周延。蓋仁者一體天地，故勇；然勇者未必皆出一體。此言仁之兼美，是以仁者有勇；苟非有仁，徒勇而已。以上言道德生命立而衆美賅焉，反之則皆偶有之耳，且皆無歸無本，亦不足爲美矣。

南宮适問於孔子曰：「羿善射，奡盪舟，俱不得其死然。禹稷躬稼而有天下。」夫子不答。南宮适出，子曰：「君子哉若人！尚德哉若人！」

尚德固是也。言禹、稷躬稼而萬民託命則美矣，乃言有天下則不能無病。然此自夫子開之，有之一字，則示可欲，示競爭，示把持。此乃下啓劉、項逐鹿，而中庸一篇作於秦漢之際，尤極推此意，而皆出聖門，吾甚憾之。蓋嘗試爲思索之，此自是普遍意識，自湯武田和莫非有之一字動之也。然聖門講論自當不苟言也，吾是以憾之而不能釋也。吾終覺儒學中觀念多未廓清，生物價値往往攜入義理中。孟子辨義利最嚴，其言孝，亦言尊親之至莫大乎以天下養。此皆生物價値之攜入而未廓清者，後世爭奪天下，孔孟皆不能無罪。

子曰：「君子而不仁者有矣夫？未有小人而仁者也！」

小人者，生物人也，不仁必矣。此截然劃定，等於夷狄，近於禽獸。君子者，義理人也，然或不免誤落生物層中，故不免不仁；此則不能無憾。小人之必不仁者，以其全生物，人性悉掩。君子之或不仁者，君子之身亦一生物也，故不免或陷。

本章截然判定兩等人。

子曰：「愛之能勿勞乎？忠焉能勿誨乎？」

附釋詞

誨：誨之言勉，誨、勉一語。故以言勉人曰誨。

子曰：「為命：裨諶草創之，世叔討論之，行人子羽修飾之，東里子產潤色之。」

此舉子產之所以治鄭，言其敬謹。

或問子產。子曰：「惠人也。」問子西。曰：「彼哉？彼哉？」問管仲。曰：「人也，奪伯氏駢邑三百，飯疏食，沒齒無怨言。」

孟子譏子產「惠而不知爲政」。程子曰：「管仲之仁，仁之功也。」此言是也。其功則仁矣，乃其身則猶未及仁也。

附釋詞：

人也：「人也」之上奪一仁字，以惠人也例之，可知，殆後人故去之。

子曰：「貧而無怨，難；富而無驕，易。」

凡百事物，有易爲者，有難爲者，皆勢也。貧而無怨難者，其勢則難也。富而無驕易者，其勢則易也。故事當先論勢，不得均責焉。

子曰：「孟公綽為趙、魏老則優，不可以為滕、薛大夫。」

莊周所謂物皆有所可，皆有所不可。綽有德而無才。

子路問成人。子曰：「若臧武仲之知，公綽之不欲，卞莊子之勇，冉求之藝，文之以禮樂，亦可以為成人矣。」曰：「今之成人者何必然！見利思義，見危授命，久要不忘平生之言，亦可以為成人矣。」

男子二十而冠，女子十四而笄，謂之成人。成者，成立也，完具也。此一般意義之成人也。其在生物人，謂能謀自存能生育，此二能力俱已完具。其在社會人，謂已成公民，知法知禮，已具足爲社會一成員之資格與能力。此一般意義之成人也。孔門尊德性，道問學，超生物，超常識，當不以此義之成人爲足也，故子路因更問之。則子路於夫子之道，亦有相當之認識與體會，雖未至入室，固已升堂者矣。雖然，欲就夫子仁學之意義以講成人，則必至於仁焉，方足謂成人也。此則千萬人中固不得一成人焉。故苟不能就仁性之純道德成就以爲成人，但能因禮樂而入人文之統，則亦可具形式的道德意義，即具一形式的倫理性，即此所謂「文之以禮樂」是。此雖尚未至立禮成樂，然已形式地投入歷史文化實體中，則亦差可謂矣。至其或知，或廉，或勇，或藝，固可以不論者也。苟不能入於人文之統，投入歷史文化實體中，則雖知如武仲，廉如公綽，勇如莊子，藝如冉求，亦皆散落星離，純屬個人的才情氣性而已。且如此的個人才情氣性，亦不成道德意義，嚴格言之，仍是生物姿態，不足至於爲成人。故人之意義，能當下體現其人性而具足之，固是矣；如其不能，則亦當套入人文之統中焉，乃稍得與於人的意義也。必如是納於人文之統，而後如是之生物姿態，個人才調，方呈現其多姿多彩於道德世界，而成一形下的充實焉。然人文意識固甚難有，其能有片面的道德實踐，見利而思義，見危而授命，久要不忘平生之言，於今則亦可以稱成人也已！蓋雖不知人文之統，能斯三者，則於倫類統紀，亦粗可繫也，故云然。

此章子路拈出成人一詞而求一新的界定，自是夫子仁學發展中必有之事；然子路之所以拈出，亦見子路學力到也。

子問公叔文子於公明賈曰：「信乎？夫子不言、不笑、不取乎？」公明賈對曰：「以告者過也。夫子時然後言，人不厭其言；樂然後笑，人不厭其笑；義然後取，人不厭其取。」子曰：「其然，豈其然乎？」

夫子時聖，惟聖人能時，文子固賢矣，但若時則殆猶未能也。賈之言過，故夫子疑之。夫子固直腸人也。

子曰：「臧武仲以防求為後於魯，雖曰不要君，吾不信也！」

皆生物做人，故或君制臣，或臣制君，互相制也。此自是生物邏輯，其在道德世界則自無此。

子曰：「晉文公譎而不正，齊桓公正而不譎。」

蓋自東遷，周道漸衰，如江河日下，桓、文雖邇，文自在下。桓之正，文之譎，亦時勢之大趨也。

子路曰：「桓公殺公子糾，召忽死之，管仲不死。」曰：「未仁乎？」子曰：「桓公九合諸侯，不以兵車，管仲之力也。如其仁！如其仁！」

注在下章。

子貢曰：「管仲非仁者與？桓公殺公子糾，不能死，又相之。」子曰：「管仲相桓公，霸諸侯，一匡天下，民到于今受其賜。微管仲，吾其被髮左衽矣！豈若匹夫匹婦之為諒也？自經於溝瀆而莫之知也。」

管仲之於孔子時，乃中國近代一偉人，功不在禹下，故夫子獨許以仁；子路子貢知不及知此。夫瑕不掩瑜，況管仲之不死之非瑕也，第以勢不能致王道為可憾耳。孟子據王道而輕管仲，乃係原則地輕之，情感地憾之。

公叔文子之臣大夫僎，與文子同升諸公。子聞之曰：「可以為文矣。」

文之一字，在當時乃一美詞，蓋一至足羨慕之人格也，與武及野對。參孔文子章。

子言衛靈公之無道也。康子曰：「夫如是奚而不喪？」孔子曰：「仲叔圉治賓客，祝鮀治宗廟，王孫賈治軍旅；夫如是，奚其喪？」

能用人，雖無道不喪，況有道乎？

子曰：「其言之不怍，則為之也難。」

附釋詞

作：怍、惜一字，怍、惜並慚也。

陳成子弒簡公，孔子沐浴而朝，告於哀公曰：「陳恆弒其君，請討之！」公曰：「告夫三子者。」孔子曰：「以吾從大夫之後，不敢不告也。君曰：『告夫三子者。』」之三子告，不可。孔子曰：「以吾從大夫之後，不敢不告也。」

天子微，諸侯僭；大夫強，諸侯脅。蓋內樹黨與，外結聲援，弒君三十六，三桓田氏一也。

子路問事君。子曰：「勿欺也，而犯之。」

遂為後世直臣建標。

子曰：「君子上達，小人下達。」

上下本物理位名，而移作價值位名。上者義理，下者生物事。君子達於義理，小人達於生物事。同上達，故入義理深。賜下達，故多積財。達者到也，到謂有成就也。君子小人一往赴之，皆能達皆能有成就。君子達於義，小人達於利；皆達也，惟所達異耳。然則就生物人言之，君子之屢空固矣，以其不達於利也。然而世乃有兼達義利者乎？是則吾所未知已！夫義與利可兼乎哉？抑不可兼乎哉？夫子曰「君子上達，小人下達」，則吾知其不可得而兼矣。然則此固一問題之所在也。

子曰：「古之學者為己，今之學者為人。」

爲己者主體在我，爲人則主體在人；此其異。然主體在人則我終不能有成，則學終落空；故程子謂其終至喪己，是莊子所謂「薾然疲役而不知其所歸，終身役役而不見其成功」者也。此是高級文明病，則所謂學病，殆起於孔子時，而熾於戰國中，故莊子爲專文論之。

蘧伯玉使人於孔子。孔子與之坐而問焉，曰：「夫子何為？」對曰：「夫子欲寡其過而未能也。」使者出，子曰：「使乎！使乎！」

君子相存以勵行，小人相過則言利，此又君子小人之異也。

子曰：「不在其位，不謀其政。」曾子曰：「君子思不出其位。」

君子盡其在我，不出非分。思者，欲也願也，君子願如分耳。艮卦象辭本此，易之爲書，後出。易之思想承儒家前期，因果之跡至明，謂在孔子前，是顛倒因果。

子曰：「君子恥其言而過其行。」

恥其言者，欲訥於言也；過其行者，欲敏於行也。

子曰：「君子道者三，我無能焉！仁者不憂，知者不惑，勇者不懼。」子貢曰：「夫子自道也。」

賜也親炙，故知之審。君子之於事也，仁以處之，知以辨之，勇以決之；故有仁者之不憂，有知者之不惑，有勇者之不懼。夫子之所示於諸子者，莫非如此，故子貢謂夫子自道也。

附釋詞

道：道猶述也。

子貢方人。子曰：「賜也賢乎哉？夫我則不暇。」

己有一不善未治，則不暇治人。且學不可以已，則何暇顧左右而自廢哉？暇字意殊深警，君子無暇時也。

子曰：「不患人之不己知，患其不能也。」

此爲干祿者言。

子曰：「不逆詐，不億不信；抑亦先覺者，是賢乎？」

賢者知於幾先，非神也，明也。賢者用心如鏡，無不照矣；是以不逆不億而人事不揜，此之謂賢耳。

微生畝謂孔子曰：「丘何為是栖栖者與？無乃為佞乎？」孔子曰：「非敢為佞也，疾固也。」

固，錮也。欲破其錮，得不煩言之乎？然夫子終且曰「吾欲無言」，是知言亦無用也。世之難化也如此。夫子沒後百年而有孟子。孟子曰：「予非好辯也，予不得已也。」

子曰：「驥不稱其力，稱其德也。」

力歸於德，方是可用之力；然有德無力，終不得爲驥。

或曰：「以德報怨，何如？」子曰：「何以報德？以直報怨，以德報德。」

此玄同論也，今老子書有此語。其在儒家，世界澄明，始條理終條理，不得玄同也。此義足以判儒、道之異。

子曰：「莫我知也夫？」子貢曰：「何為其莫知子也？」子曰：「不怨天，不尤人，下學而上達，知我者其天乎？」

莫我知者，德孤也。夫子之德，無足與爲鄰者矣。在陳絕糧，子路慍見，子路不知子也。賜以夫子多學而識，賜不知子也。達巷黨人謂子博學無所成名，達巷黨人不知子也。冉求非不說子之道，冉求不知子也。武叔毀仲尼，武叔不知子也。太宰以子多能爲聖，太宰不知子也。子待賈而沽，周遊列國，終不得售，諸侯不知子也。世固莫知子也。夫子固非求人知也，求知道也。夫子五十知天命，道之不行早知之矣。道之不行，命也，非人也，亦非天也，又何怨尤之有哉？夫子少賤故下學，下學者當下達。然而夫子乃上達，此則人所不能知者矣！知之者惟天乎？

下學上達，前人解不如此。

本章兼言人之莫知道，及人之知子之下學而不知其上達也。曰多能，曰博學，人皆知夫子之下學，而謂其下達矣，謂其於生物世界通達無遺，而仰之爲聖，此夫子之謂莫我知也。人之信仰神佛，亦皆自生物世界生死利害禍福之見。人之於夫子，亦然。此是重不知子矣！故夫子歎曰惟天知我。蓋夫子所達者在上，乃超越生物世界之義理世界道德世界也。夫子之下學，非得已也，少賤故多藝爾。若夫顏、曾、游、夏之徒在聖門，自是上學，此則個人際遇有幸與不幸耳。然果使夫子少而上學，人弗仰之爲聖矣。人之仰聖者，以其如神佛，有全利絕害，知周萬物，道濟天下之生物全能故。使神佛而無生物全能，則人莫之仰矣。此夫子之重憾世之莫已知也。

公伯寮愬子路於季孫，子服景伯以告，曰：「夫子固有惑志於公伯寮，吾力猶能肆諸市朝。」子曰：「道之將行也與？命也；道之將廢也與？命也。公伯寮其如命何？」

君子盡性待命。

子曰：「賢者辟世，其次辟地，其次辟色，其次辟言。」

此言世衰，使夫志士仁人莫不有所避也，其尤賢者所避尤甚焉。苟或不爾，雖有宋朝之美而無祝鮀之佞必不免也。故其身愈美，所避愈大。惟夫子大聖，周遊列國，干七十二君（借史記語），雖不得有爲，終且無禍。然陳、蔡之厄，拔樹削跡，幾乎不免。蓋退修詩、書，感慨言之也。

子曰：「作者七人矣！」

此言避世而去者已七人矣，深慨之也。

子路宿於石門。晨門曰：「奚自？」曰：「自孔氏。」曰：「是

知其不可而為之者與？」

子曰「賢者避世」，惟賢者能知聖人。晨門亦避世賢者，亦最知夫子，「知其不可而爲之」一語，與儀封人木鐸一語，一達聖心，一達天意，賢之至也。夫子一生，二語盡之。然則夫子固不受命矣。賜亦不受命，賜所不受者道德律之命，夫子所不受者自然律之命。然則此亦君子小人之分之所在也。世而不可爲，此事實也。事實卽天也，卽命也。旣知其不可而爲之，是硬欲違命也。道德律之命可違也，自然律之命則不可違者矣。夫子知而違之，雖違之而早知其必不成，然而必違之者，孟子所謂「聖人之於天道也，命也；有性焉，君子不謂命也」者是也。晨門非不知君子之有性，彼乃講事實耳。至若子貢則有命而行於性（氣質之性），不足與語道矣。

附論：實然世界與應然世界

有實然之理，有應然之理。實然之理統自然世界，應然之理統道德世界。自然世界包括無生物世界及生物世界，道德世界卽純粹人間世界耳。所謂純粹者：人間世界乃出自然世界中，如植物之根於地而出之者，實括無生物世界及生物世界而冒以道德世界而成之一世界也，此非純粹的人間世界也；故此一非純粹的所謂人間世界，有實然之理有應然之理，應然之理冒實然之理，而實然之理時或有不可冒者，故曰非純粹。實然世界與應然世界本截然二世界也，不相交已！而人間世界使交之，故人間世界者實然與應然相交且相戰之地也。實然世界也，應然世界也，本各具一理，一條鞭貫之，理無不順，本皆無問題之世界也，及夫相交焉而相戰，而問題生矣。故人間世界乃一問題之世界也，緣有二理在也。而人類生此間，此則人類天生之不幸也。實然者，君子謂之命者也，命者命令，命令不可抗，故命卽是必然也。故實然卽必然也。應然者，君子謂之性者也，性者天命之在我者也，故應然亦一必然也。故實然與應然之相交，是二必然之相交也，其戰必矣。果使有一非必然，則二世界之相交也有可不必戰者矣。此卽人間世界之悲哀與不幸之所在也，卽人類艱難之所在也。實然與應然，二理也；謂之二者，異也。異而必，此之謂艱難耳。然則人類終必率性而行者，性在我，命在物也。故子貢問食信奚去，而子答以去食。去食，應然之理如此也。然則雖夫子口爲此言，心果知其可能耶？夫子固知其不可能矣！夫子盡性言之，夫子不受命也，葉公謂父子相證，夫子謂父子相隱。葉公言實然之理，夫子道應然之理。故君子以性統命，以應然統實然，命與實然而合於性與應然則可之，其不合則不可之，而必欲以應然易之。故揆之物理而是也，揆之生理而是也，君子不謂是也，君子必且揆之以義理焉。揆之義理而是焉則是也，揆之義理而非焉則非也。非則必改之使合於義理而成義理之是，苟力不能改之則謂之命。君子之於命也，無可奈何而已。人死哭之無益，實然之理則然也，而必哭之者，應然之理則然也。故自實然之理以揆人事，人事有甚不智者矣。然人豈眞不智哉？人自有理也，人所依者應然之理耳。故其於實然之理固是而可矣，乃應然之理則未必是而可也；實然之理固非而不可矣，乃應然之理且未必非而不可也。故君子審乎應然以承實然。天下滔滔，實然世界固知其不可易矣，然而猶欲易之者，應然之理乃爾也。故夫子知其不可而猶爲之，夫子不得已也。夫實然，天道也；應然，人道也。夫子不得自已於人耳。苟得而自已，則是非人已。夫子之栖栖遑遑，猶哭死人耳，其情卽爾已矣！斯情也，托乎應然之理，根於天命之性，是仁之不已與？夫子純乎不已矣！

子擊磬於衛，有荷蕢而過孔氏之門者，曰：「有心哉！擊磬乎！」旣而曰：「鄙哉！硜硜乎！莫己知也，斯已而已矣！『深則厲，淺則揭。』」子曰：「果哉！末之難矣。」

斯人亦講事實。彼能已，夫子則不能已，一已字則見彼之無情。夫子舉一果字擊之，直入骨髓。

雖然，自當世，固賢者也。

果之一字，可為遺世者總評，自莊周而下皆不免。

附釋詞：

果：果、敢一語；荀子大略「勇果而亡禮」，勇果卽勇敢。此言其果能撒手，果能忍心腸；謂硬是做得到，夫子則任是做不到。

子張曰：「書云：『高宗諒陰，三年不言。』何謂也？」子曰：「何必高宗？古之人皆然，君薨，百官總己以聽於冢宰三年。」

古人皆然，豈皆然乎？三年之喪，孟子以為三代共之，然魯先君莫之行，恐是近世儒者說也。

子曰：「上好禮則民易使也。」

上行下效故易使。易使者，民亦入禮中也。

子路問君子。子曰：「修己以敬。」曰：「如斯而已乎？」曰：「修己以安人。」曰：「如斯而已乎？」曰：「修己以安百姓。修己以安百姓，堯舜其猶病諸？」

以敬，敬事也。安人，安鄉里鄉黨也。安百姓，安天下之人也。若夫君子之心量（心願）則無窮也，第因實際而有小大次第焉，及其無窮也，及乎萬物，豈安百姓已也哉？而其要在修己，已修然後能敬事，能安人，能安百姓，能定萬物。故修己是第一道功夫。然修己以敬，盡其在我，乃君子之所必能。至於安人安百姓安萬物則有客觀實際，非盡我力之能必。以堯舜之聖王，猶病夫安百姓，故君子但盡性以待命，因此一廣大之性體，以存此一無窮之心量已耳。苟爲不爾，且至怨天尤人矣，夫子自述「不怨天不尤人」，則此意也；卽是易所云「窮理盡性以至於命」，所謂「知命」是也。雖知命猶必盡性者，君子所性卽爾也，此卽修之所在。

原壤夷俟。子曰：「幼而不孫弟，長而無述焉，老而不死，是為賊！」以杖叩其脛。

原壤夫子故人，此因見其夷俟而戲言之，且以杖叩其脛，暱之也。賊，謂於世無益且害之。實乃戲言耳，果如所言，豈爲世賊哉？世之賊，亂倫體，害仁義，僭越爭奪者是也。如原壤者何害？世之不足與有爲者，是皆原壤而已，不足有爲何害哉？

附論

禮記檀弓載原壤母死而歌，孔子僞弗聞而過之；殆無其事也。蓋以孔子處春秋之季，倫常卽敗尙未至此。原壤夷俟或有之，故夷俟而夫子責之，使果死母而歌，夫子焉得無責？知檀弓乃戰國以來附會，蓋至是禮法蕩然不復存，故楊朱歌友之死，莊周歌妻之死，原壤春秋時人，安得至歌母之死者？無乃反爲之甚耶？蓋循諸思想之發展則有倒逆而不合者矣。

附釋詞

述：述猶四十、五十而無聞焉之聞，猶疾沒世名不稱之稱。

闕黨童子將命。或問之曰：「益者與？」子曰：「吾見其居於位也，見其與先生並行也，非求益者也，欲速成者也。」

聖人教人之術自多端。

衛靈公第十五

衛靈公問陳於孔子。孔子對曰：「俎豆之事，則嘗聞之矣；軍旅之事，未之學也。」明日遂行。

並世諸人不知夫子者，無如衛靈公。夫子適懸壺而來，乃弗討藥而欲借劍，直是妄之極！

在陳絕糧，從者病，莫能興。子路慍見曰：「君子亦有窮乎？」子曰：「君子固窮，小人窮斯濫矣！」

子路以爲聖人生物全能，至是忽訝其窮，一肚子失望受欺之悔意，此卽其慍也。

小人如水，下達，激之則懷山襄陵，窮則濫。君子如山，極高而重。山有榮枯，不變其高也；君子自有恆，不爲窮通易己矣。

附釋詞

固：固讀如貞固之固。

子曰：「賜也，女以予為多學而識之者與？」對曰：「然！非與？」曰：「非也！予一以貫之。」

夫子曰：「道二：仁與不仁。」夫子之道仁而已矣！夫多學而識，此外邊知識也，君子不多。蓋人皆以夫子博學而仰之，不知此爲外邊知識，不足多者。故後年子貢應太宰曰：「固天縱之將聖又多能也。」聖與多能非一事，二者不相干，子貢之知夫子，自本章問答啓之。

本章明夫子一生許多學問、知識、技藝皆非無所繫之零雜，夫子之博學多能皆繫之仁。萬千繫一。一者體也，因體成用。苟爲不爾，雖多皆不可用也。此言生物事、認識事，舉凡人間事，皆攝歸道德主體而繫之，而自此發用施行，則學問遂成道德的學問，知識胥成道德的知識，技能方成道德的技能，自此而學問、知識、技能皆成道德意義的學問、知識、技能，此之謂一貫。若夫外邊知識，畢竟不可以一貫。朱注謂第四篇以行言，此以知言，不達。

子曰：「由，知德者鮮矣！」

此事實也。生物本能之知則人人知之：若夫人性之發明，則非起一朝一夕之間。知德鮮者，生物衆矣，人則尠也。此深慨之而莫可奈何！

附釋詞

德：道、德一語。後來分歧，道稱所循，德稱所踐。知德，猶知道也，第道為客觀普遍，故知道是知天，德乃道之落於人之行為者，故知德是知人。子曰：「好德不如好色」，德色並舉，並指人。德者，有美行之人也，色者，有美姿之人也。人皆知色不知德，故德孤焉。夫子此且含德孤之歎。懷德者往往寂寞終身，緣人少能知之。

子曰：「無為而治者，其舜也與？夫何為哉？恭己正南面而已矣！」

此極言爲政之究竟，然此與道家無爲異。道家之無爲乃任天，故是任天而立一天極。天不言，四時行萬物生。天非渙散者，天自有極，無極則不足以繫。故道家能以無爲而有爲者，蓋賴天極。此與道家異者，一恭字加一正字，便是立的一人極。極則北辰居所之義也。莊周言環中，此卽其環中也。以在環中繫一環，故更不得動彈，故曰無爲。雖無爲，究與道家立天極者異趣。另詳雍也篇雍也可使南面章注。

子張問行。子曰：「言忠信，行篤敬，雖蠻貊之邦行矣；言不忠信，行不篤敬，雖州里行乎哉？立則見其參於前也，在輿則見其倚於衡也，夫然後行。」子張書諸紳。

子張學干祿，故問行，皆生物意思。然夫子曉之，彼亦能信受，此之爲夫子徒也。

子曰：「直哉史魚！邦有道如矢，邦無道如矢。君子哉蘧伯玉！邦有道則仕，邦無道則可卷而懷之。」

謂之直不謂之君子者，直不及君子也。謂之君子者，取之也。君子爲一成德人格，備於人文意識之全。人文非他，禮是也，禮則有度；直，非度也。子於南容而妻之以兄女，亦以此。

子曰：「可與言而不與之言，失人；不可與言而與之言，失言。知者不失人，亦不失言。」

夫人之失人，隨年事而增；其失言，隨年事而減。一患於深，一患於淺。皆年事使然。此常情也。夫子此歸於知而言之，乃謂士之獻言而不得其主也，別是一事。

子曰：「志士仁人，無求生以害仁，有殺身以成仁。」

夫乾坤有三轉，每一轉皆費乾坤一大氣力。由無物而有物，一轉；由有物而生物，一轉；由生物而道德，一轉。其由無物而有物，尚矣！由有物而生物，夐矣！自有生物以來，不知凡歷多少劫，乃悉以生爲最貴，卽以生命爲最高價値，自厥初生民，乃不異是。如是而又歷不知幾許年所，生之貴，無異也，幾成律法，殆不易矣。凡民之孜孜，無不爲求生也，蓋擧一切物，悉以奉生焉，此生物界之鐵律也。故生物界以生命爲主體爲最高目標，其勢如江河，沛然莫禦，雖或至於生物相剋，終且滋繁遍於地，至於今而猶未已也。然在中國，自夏后以來，道德漸冒，又歷殷商，至於姬周，天地氤氳，終且一轉，乾坤氣力又暗運久矣，乃夫子一出，如泉之始達，平地湧起，高出萬丈，而道德世界冒罩生物世界而出其上焉。於是億萬年生命律法，一朝而退，而道德律儼然居其上，仁遂貴於生，道德乃超越生命，乾坤第三轉遂因夫子而轉出。夫子此語，其大翻轉也。夫子自謂「文王既沒，桓魋其如予何」，卽直覺此一使命，是事實承當覺得，非意之而已也。自此乾坤遂入第三轉乾坤，世界遂成一新世界，此後之乾坤或世界止待完成耳。

曾子仁以爲己任，直承仁於一己生命中，卽自本章申出。孟子捨生取義，無非此意。

本章意義，劃乾坤史。

子貢問為仁。子曰：「工欲善其事，必先利其器。居是邦也，事其大夫之賢者，友其士之仁者。」

士之仁者，謂士之志仁能仁者，非謂其仁矣者也。此言親仁爲志仁之方。

顏淵問為邦。子曰：「行夏之時，乘殷之輅，服周之冕，樂則韶舞；放鄭聲，遠佞人——鄭聲淫，佞人殆。」

三代各取其一者，示毋專法後王也。蓋歷史非全然一過程已也，夫歷史有一成永成者，非盡可增飾修改也。人皆以爲後因於先，先飾於後，遂謂歷史止一過程，先盡攝於後，此不知歷史一成永成之見也。今人科學昌明，歷史爲過程之見尤深矣，乃舉其飛、潛、電、化之術，以爲人類過去歷史，盡攝於今，過去盡可廢，遂不復知歷史永成之義，流而不返，危矣。夫人類歷史，非河流比也，江河日下，歷史非日下也，歷史非流也，苟流之，則所棄歷史成就者多矣，是歷史半成空白，歷史半爲徒然矣。夫夫子之時，有取於夏、商二代，乃方今之世，且當有取乎百代焉。吾嘗謂人類於今行過頭矣，人類行過古典時代而不知止，人類大抵已完成於古典時代，人雖有取於今及未來者甚尠。今之科學及未來科學，於人類之大體乃小修飾已耳。人類自有大體，大體早立於古典時代，且已成於古典時代。今人惑於科學，遂以科學爲人類之大體，是顚倒小大，自禍也。夫今之人類必當猛醒，以悉人類之大體已完成於過去歷史中，而自省絕對過程觀念之非，則今之科學乃可用，而不復反奴爲主，而人類歷史庶幾於完成焉。

荀子法後王，大非。夫子言損益是也。然其中且有不待損益，一成永成而可久者，夫子於本章示之。

附釋詞

殆：殆，不定也。

子曰：「人無遠慮，必有近憂。」

如是觀之，人憂慮終身矣。蓋生則憂慮也，生不能無憂慮也。生存一護持也，故生存與憂慮俱。此言衆生生命相，是生物層說話。

子曰：「已矣乎！吾未見好德如好色者也。」

注見子罕篇。

子曰：「臧文仲其竊位者與？知柳下惠之賢而不與立也。」

夫子作春秋，一字之褒，榮於黻黼，一字之貶，嚴於鈇鉞，游、夏之徒不能贊一辭，觀於本章，信然！

子曰：「躬自厚而薄責於人，則遠怨矣。」

爲仁由己，故躬自厚而薄責於人，初非爲遠怨也。

子曰：「不曰『如之何如之何』者，吾末如之何也已矣！」

不憤不啓，不悱不發。

子曰：「羣居終日，言不及義，好行小慧，難矣哉！」

正是生物形態，故不可救藥。

子曰：「君子義以為質，禮以行之，孫以出之，信以成之，君子哉！」

義、禮、孫、信，無非一個仁字。

子曰：「君子病無能焉，不病人之不己知也。」

用之則行，捨之則藏。只怕不能行耳。

子曰：「君子疾沒世而名不稱焉。」

名，令名也。名者實之賓，無賓則知無實。疾，痛也，痛實之不立也，非痛名也。

子曰：「君子求諸己；小人求諸人。」

君子自反，小人外索。故君子病無能，不病不己知，病無實以繫名。小人病不己知而不病無能，病名之不至而不病實之不立。楊氏謂「三者文不相蒙而義實相足」是也。

本章點出君子小人之異趣。蓋君子小人之大別所在，凡君子小人之異莫不自此根本趣向出。

子曰：「君子矜而不爭，羣而不黨。」

矜者，以義理而高也。君子以義理而高致。小人無義理也，以生物爭一日之長，或以財貨勝人，或以名位貴人，是爭也。君子一體，故羣。小人不能一體，故黨。

子曰：「君子不以言舉人，不以人廢言。」

言與人二。

子貢問曰：「有一言而可以終身行之者乎？」子曰：「其恕乎！己所不欲，勿施於人。」

凡生事者，莫不相加也。苟不能達其本心，出以仁以愛人，則恕其庶乎！能近取譬，推己以行之，則是仁之方也已。本章消極地言爲仁。可以終身行者，亦惟仁之事耳。恕者，仁之次也。

子曰：「吾之於人也，誰毀誰譽？如有所譽，其有所試矣！斯民也，三代之所以直道而行也。」

民不可欺，毀譽皆無用也。

子曰：「吾猶及史之闕文也；有馬者，借人乘之。今亡矣夫？」

史之闕文，示史筆之必據實，不敢妄臆也。此蓋夫子早年事，若其晚年，則僞史出矣，今之尚書是也，左氏傳無論矣。蓋夫子前史事不如是多也，凡堯舜故事，及黃帝名稱，皆出夫子後。夫子晚年已見史之亂矣。

有馬者，乃士之有馬者。士之無恆產而僅得有馬，是以甚寶之。夫子早年猶及見借人乘者，雖寶之而不過於情義，今則過於情義矣。此示世之始偷矣。

子曰：「巧言亂德，小不忍則亂大謀。」

巧言似之，故亂德。大謀欲完，不完則謀不成。

子曰：「衆惡之，必察焉；衆好之，必察焉。」

眞理不能以票數定。人皆有度量之弊，不知眞理自有所在，苟非所在，雖千萬人猶一人也，豈可不察？衆字自是一惡字眼。

此亦惟仁者能好人能惡人之意。衆不必仁，是以不能不察。

子曰：「人能弘道，非道弘人。」

人能推道行，非道能推人行也。故苟人無行道之心，道不現於世矣。蓋道自在人性分中，然行與不行，皆決之人。一念捨生物，則若決江河，滔滔而出，沛然不可禦；一念滯生物，則汪汪千萬頃杜於一砂粒。故道待人弘之耳，人豈能坐待道之爲弘之也。此義至要緊。世之良窳，皆繫之當世之人之欲行道與否也。然道固未嘗大行於世也，蓋能弘道者少也，自古及今，數人而已。易傳曰：「苟非其人，道不虛行。」

子曰：「過而不改，是謂過矣。」

此如人有病而愈，則不復爲病矣。有病而不愈，則死矣。此是道德的死亡。

此於過之定義，有一新定，此作道德的新定義。夫過但存於人事中，物界與一般生物界無此也。過但存於人類生物界及夫道德世界。過之觀念，出於價值判斷。

生物價值，法律主之。過在法律，乃如實存在，過必罰，不稍含糊。然其在道德則不如是，過非如實存在，過而改則其過遂不在，苟改而猶罰之，則爲無意義，非徒無意義，且成一反義理事。道德世界無罰之一事。人之有過，在道德世界乃待其改，望其改。道德世界中，於過但有改之期待盼望耳。蓋道德世界所待所望者欲獲得一眞正的道德生命耳，欲成立此一生命而已。故苟過而不能改，則宣判此人道德生命之死亡，或此人自始便無道德生命，如是則不復望而待之，而摒棄之於道德世界之外焉。

子曰：「吾嘗終日不食，終夜不寢，以思，無益，不如學也。」

此言徒思空想之無益，非謂學不用思也。夫思想必有憑藉，憑藉經驗也。蓋思想必運概念，概念得之經驗。所謂經驗者，括自我與他人之經驗言之。世無無概念之思想，思想不能徒運也。無概念而空運思想，此不可能之事，此之謂無益不如學也。荀子勸學篇云：「吾嘗終日而思矣，不如須臾之所學也。」語與夫子同。然夫子與荀卿，性篤厚，固重學過於思矣，語中自帶個性；嚴格言之，不能無偏學之嫌，此影響後世甚鉅。試觀希臘大哲蘇格拉底，其鵠立冥思，乃自朝至夕，自夕達旦，正一日夜。其如近世科學，如高等天文學、理論物理學、高等數學，若量子論，若相對論，豈思終日夜所能得？蓋累日累月，甚者經歲或且屢易寒暑而後得也。如康德之純粹理性批判，乃累十五年而後成。凡此皆非學所能致。蓋人類之經驗，古今相積，所得概念至繁至富，苟欲溫故知新，思而運之，貫而串之，統而攝之，所可發明者，或小或大，或狹或廣，小至於極微，大至於彌綸六合，眞積力久則入焉，是豈終日乃得已耶？蓋夫子之學，大率得之體驗與直覺，其作純理智之思想者甚寡，此則性限之也。然夫子一人之性遂限後世中國千萬人之性於一焉。余嘗謂中國學術胥出夫子門，是以有此一也。而蘇格拉底者，乃於泰西而另立一典型焉。泰西之重理智，重思索，以成其格致之學者，亦蘇氏一人之性也。然則中國格致之學終不興矣，蓋夫子限之也。然夫子他日又曰：「學而不思則罔。」此思非彼思，此乃學之思，非純思也，不得一義解之。

子曰：「君子謀道不謀食。耕也餒在其中矣，學也祿在其中矣。君子憂道不憂貧。」

全章主旨，止在君子憂道不憂貧一語。曰「學也祿在其中矣」者，欲安學者之心也。夫子一生謀道力學，正不知得祿幾許？祿固不必在學中也。如顏淵在夫子門，自不關祿。學自是另一事，謀道又一事，祿與衣食是又一事也。

子曰：「知及之，仁不能守之，雖得之，必失之；知及之，仁能守之，不莊以涖之，則民不敬；知及之，仁能守之，莊以涖之，動之不以禮，未善也。」

此言有土之在仁，而其善則在循禮。程子謂自漢以後皆把持天下，是皆知及之以下而已。蓋向來有土者止到此，無有過此者，是以早晚失之。余歷覽古今，固未見有不替之朝代也。苟有過此而至於仁者，雖萬世弗失之矣。

莊之言裝也，假裝而已。爲政之莊，相對言之也。彼民鄙野，非以色鎮之不敬。若今先進諸國，民皆文雅，但如實臨之，人人各以本色，未有不敬者。

昔易傳曰：「聖人之大寶曰位，何以守位？曰仁。」

子曰：「君子不可小知而可大受也，小人不可大受而可小知也。」

君子不器，故不可小知。君子體道，故當大受。小人不知道，故不可大受。小人器而已，故當小知。余讀本章往往廢書而歎。人生際遇往往顚倒，若孔孟皆不得大受。君子不求，小人求之，宜其顚倒也。正爲小人大受，故敗事。蓋歷覽百代，與廢治亂，胥由是也。

子曰：「民之於仁也，甚於水火，水火吾見蹈而死者矣，未見蹈仁而死者也。」

此言人非仁弗立也弗安也弗活也。仁乃人之成立之第一條件，世界成立之第一條件。仁甚於一切，仁乃個人成立及世界成立之一切基礎；此一基礎不立，則個人之成立，世界之成立皆不可能。「自古皆有死，民無信不立」，「無求生以害仁，有殺身以成仁」，並是此意，是推極言之，窮極言之。夫子言仁，往往直攤底牌，推至盡地，與孟子無異，十字打開，絕不保留，一見似是極端激切。然道二：仁與不仁。豈得含糊？此蓋言人類世界必須是道德的世界，人之爲生物必須是道德的生物，因推極言其非如是則不成爲人類，不成其爲人類的世界也；是推極言之，定義地言之，非卽求仁於凡民也。「君子而不仁者有矣」，「未有小人而仁者也」。夫子非不知民之不能仁也，此但實地言之。

子曰：「當仁，不讓於師。」

讓，禮也。夫禮，普遍規定也。凡人事無出乎禮外者，獨當仁一事，則直本性命，止待自盡。自盡不關禮，是以雖師，可先也。

子曰：「君子貞而不諒。」

貞言大體大節，諒言小體小節。惟硜硜小人而後諒，君子不煩爲此。譬諸樹木，君子守本，不煩與風爭枝葉；若小人之諒則與風爭枝葉，必欲一枝一葉不爲風動，所謂硜硜也，君子不煩為此。

子曰：「事君，敬其事而後其食。」

食，私也。先公後私。

子曰：「有教無類。」

若公冶長、仲弓皆在隸籍。

夫子一體之仁，固當無類，豈教而已哉？

子曰：「道不同，不相為謀。」

道，路也。路異則所遇異，而謀亦異矣。彼趨生物路，我行義理路，焉得相謀？

此言生物道德截然二界。

子曰：「辭，達而已矣。」

夫辭不欲過實。修辭，爲合禮耳，非欲過實也。故易曰：「修辭立其誠。」

師冕見。及階，子曰：「階也。」及席，子曰：「席也。」皆坐，子告之曰：「某在斯，某在斯。」師冕出。子張問曰：「與師言之道與？」子曰「然！固相師之道也。」

萬千節目，俱本一仁。仁至禮生，不待思不待學而能焉。凡人文無非自一個仁字出，苟不能出乎仁，雖條列示之，十不得半。

季氏第十六

季氏將伐顓臾，冉有、季路見於孔子曰：「季氏將有事於顓臾。」孔子曰：「求！無乃爾是過與？夫顓臾，昔者先王以為東蒙主，且在邦域之中矣，是社稷之臣也，何以伐為？」冉有曰：「夫子欲之，吾二臣者，皆不欲也。」孔子曰：「求！周任有言曰：『陳力就列，不能者止。』危而不持，顛而不扶，則將焉用彼相矣？且爾言過矣！虎兕出於柙，龜玉毀於櫝中，是誰之過與？」冉有曰：「今夫顓臾固而近於費，今不取，後世必為子孫憂。」孔子曰：「求！君子疾夫舍曰欲之而必為之辭。丘也聞有國有家者，不患寡而患不均，不患貧而患不安；蓋均無貧，和無寡，安無傾。夫如是，故遠人不服，則脩文德以來之；旣來之，則安之。今由與求也相夫子，遠人不服而不能來也，邦分崩離析而不能守也，而謀動干戈於邦內。吾恐季孫之憂，不在顓臾而在蕭牆之內也。」

按季氏伐顓臾事不見經傳，論者謂或因夫子之言而止。余謂季氏果欲取顓臾，必不因夫子一言而止也。此殆戰國以來儒門講說，造爲季氏事，托之夫子言語者。

附釋詞

兕：兕，犀之本字。

柙：柙、柵古今字。

不均：不均當作不和。

不安：不安當作不均。

孔子曰：「天下有道，則禮樂征伐自天子出；天下無道，則禮樂征伐自諸侯出。自諸侯出，蓋十世希不失矣；自大夫出，五世希不失矣；陪臣執國命，三世希不失矣。天下有道，則政不在大夫；天下有道，則庶人不議。」

禮樂征伐自天子出，言大一統之義也。此義至關重要，此義替則天下分崩離析。至戰國則此義不復講。孟子恆道王霸，但曰仁者無敵，仁者可以王，乃不復尊天子。夫子處春秋末，周室雖衰，其體依稀猶存，故猶時時言之；然自十世以下數語，推定數爲言，則不似夫子口脗。且禮樂征伐自諸侯出，雖五霸皆不能過三世。知此殆亦戰國以還儒者托爲夫子言語以講說者，乃差其數爲次第，以足其論說耳；蓋據大夫五世而上下推之也。

孔子曰：「祿之去公室五世矣！政逮於大夫四世矣！故三桓之子孫微矣！」

此與上章相承，亦非夫子言語。夫聖人雖憤三桓之僭，必且不爲此涼語，而亦必不爲定數之論也。

孔子曰：「益者三友，損者三友：友直、友諒、友多聞，益矣；友便辟、友善柔、友便佞，損矣。」

此下六章，言必成數，其數或三或九，知亦非夫子言語。

孔子曰：「益者三樂，損者三樂：樂節禮樂、樂道人之善、樂多賢友，益矣；樂驕樂、樂佚遊、樂宴樂，損矣。」

孔子曰：「侍於君子有三愆：言未及之而言，謂之躁；言及之而不言，謂之隱；未見顏色而言，謂之瞽。」

孔子曰：「君子有三戒：少之時，血氣未定，戒之在色；及其壯也，血氣方剛，戒之在鬬；及其老也，血氣既衰，戒之在得。」

此生物人，義理人無是也。君子而不仁者有矣夫？故有是戒，戒其落於生物層也。此雖未必爲夫子語，意殊得之。

孔子曰：「君子有三畏：畏天命，畏大人，畏聖人之言。小人不知天命而不畏也，狎大人，侮聖人之言。」

此戰國以後言語，春秋時無聖人，有聖人惟夫子，夫子不敢自居仁聖，不當自道。夫堯舜夫子大之，而曰其猶病諸，不許其聖也；又曰：「聖人吾不得而見之」；是何得有聖人之言之足畏之可侮也？且此聖人之涵義，非春秋以前知能之聖之謂，此乃孔子以後仁知雙完之聖人，而尤在完仁之聖人也。此明指夫子，乃戰國以後言語也。然其言甚關，君子畏此三無上權威矣，小人乃不識而不畏也。

夫天命者，無上之命令也；大人者，負無上命令之人也；聖人之言者，道此無上命令之言也。此在義理層，小人在生物層，宜其不畏。故惟君子能有此三畏。

孔子曰：「生而知之者，上也；學而知之者，次也；困而學之，又其次也；困而不學，民斯為下矣。」

生而知者，先覺也。學而知者，後覺也。困而學者，雖學而未知者也，與困而不學，皆不覺也。生知猶云自知，謂其穎悟，見事而明理，不待學而知也，非謂生而具知也。學知者，謂因學而後知，蓋待學而知也。困學者，是乃學而已，不及於知也。困不學者，非惟不知且亦不學，與鳥獸等矣，故有自知，有學知，有無知。

本章自知上分三等人，又於第三等人中分二等人。一先覺之知，是人師也；一後覺之知，是待師者也；此二等人雖知有先後，及其知之一也。又一等人全然無知，但一知仿效，一不知仿效。故合而言之，凡三：先知、後知、無知。而無知肯學猶可自進，其不學則與物齊矣，此雖非道德上的非人類，要爲知解上的非人類，其爲近於禽獸則一也。人之近禽獸凡有二：一無道德的，一無知解的；一不仁，一不知。本章係自知上說話，非自仁上說話。蓋人之評判，有仁、知兩行，此自知之一行判之。

附釋詞
生知：生知猶云自知也。此與述而篇生知之為神祕事體義異，另參述而篇注。
民：民卽罔。罔之生也倖而免。

孔子曰：「君子有九思：視思明，聽思聰，色思溫，貌思恭，言思忠，事思敬，疑思問，忿思難，見得思義。」

孔子曰：「見善如不及，見不善如探湯；吾見其人矣，吾聞其語矣。隱居以求其志，行義以達其道；吾聞其語矣，未見其人也。」

見善如不及，所謂好仁者無以尙之；見不善如探湯，所謂惡不仁者，其爲仁矣。隱居以求其志；志，志道之志。此謂捨而能藏，藏而不變夫道也。在人之主觀曰義，其在客觀曰道。此言常人捨而不能藏，猶多端求用求行焉，遂至變其志，廢其義，棄夫道焉。蓋言士多求祿非求志，行私非行義，達生非達道也。夫二千年仕宦之途，熙來攘往，絡繹不絕，士固皆在路也。

「齊景公有馬千駟，死之日，民無德而稱焉；伯夷叔齊，餓死於首陽之下，民到于今稱之。其斯之謂與？」

附論

朱子謂章首當有孔子曰三字，又謂大抵此書後十篇多闕誤。程子謂顏淵篇「誠不以富，亦祇以異」八字當在本章之首；胡氏謂當在「其斯之謂與」句上。

余按：細按本章語氣，其爲夫子口脗無疑。

陳亢問於伯魚曰：「子亦有異聞乎？」對曰：「未也。嘗獨立，鯉趨而過庭，曰：『學詩乎？』對曰：『未也。』『不學詩，無以言。』鯉退而學詩。他日又獨立，鯉趨而過庭，曰：『學禮乎？』對曰：『未也。』『不學禮，無以立。』鯉退而學禮。聞斯二者。」陳亢退而喜曰：「問一得三：聞詩，聞禮，又聞君子之遠其子也。」

崔東壁謂本章不可信，以爲子所雅言詩書執禮，不當詳於門人，略於其子，使其子獨不聞；謂聖人不如是矯情。說甚有理。然以夫子當日之情度之，非必無此事，何則？夫子日與羣弟子俱，自無暇別爲伯魚施教。使伯魚而聰明睿知，雖側聞之，耳濡目染，已足成學；使其愚魯頑鈍也，雖日咻咻，終不成材。意者伯魚性篤厚，夫子之日常行事，莫非皆教，蓋伯魚得於夫子之身教獨過於諸弟子之言教矣，乃偶指點之已足，豈必獨爲設教，或別爲課業之也？且夫子之教重於德教，不在知教，而詩篇之學乃爲仕耳，伯魚未必有仕意，乃父之不遇彼知之甚審；顏淵陋巷，亦是睹乃師審者。意於詩禮仕宦之科，初未措意。是以庭訓之如此，欲其會且有用於世也。

陳亢性快而鄙，往往心疑，口不擇言，其探問伯魚已非，而曰君子遠其子，是以其鄙意度君子，曲解聖人。

邦君之妻，君稱之曰「夫人」，夫人自稱曰「小童」，邦人稱之曰「君夫人」，稱諸異邦曰「寡小君」，異邦人稱之曰「君夫人」。

附錄

吳氏曰：「凡論語中所載如此類者，不知何爲？或古有之，或夫子嘗言之，不可考也。」

陽貨第十七

陽貨欲見孔子，孔子不見，歸孔子豚。孔子時其亡也而往拜之，遇諸塗。謂孔子曰：「來！予與爾言。」曰：「懷其寶而迷其邦，可謂仁乎？」曰：「不可！」「好從事而亟失時，可謂知乎？」曰：「不可！」「日月逝矣！歲不我與。」孔子曰：「諾！吾將仕矣！」

附釋詞

孟子亦載此事。陽貨卽陽虎，貨、虎一聲之差。夫子居衞，彌子欲以衞卿得主，而夫子不欲，則夫子豈肯因於陽虎乎？有子曰：「因不失其親，亦可宗也。」

時：覗之段。莊子大宗師謂雞為時夜，時卽司字，尸子正作司夜。詩三百，詩卽今之詞字。

子曰：「性相近也，習相遠也。」

此性，言類性也。人類有人類之性，狗類有狗類之性。類，故近；孟子曰「凡同類者，舉相似也」。類性則非主體性，非主體性，故不能以善惡言。主體性者，非言人類之性或狗類之性，乃言人性狗性，人之所以人，狗之所以狗之性。夫言類性，人狗有相通處。就生物學言之，人狗皆生物也，故同有生物之性；就動物學（應云動生物學，動物不必有生命）言之，人狗皆動物也，故同有動物之性；若就其爲獸身言之，人狗皆有獸性；此則所同也。故此夫子所言性，與告子「生之謂性」同。故朱子解此所謂「性兼氣質而言」者是也。至程子謂「此言氣質之性，非言性之本也」，謂非言性之本則是，謂言氣質之性則非。朱子謂兼言是也。子罕言性與天道，性理天道，其言深奧，非常人之所能達，故舉類性言之，類性則人人自曉。夫人之類性雖有與物類通者，其大段性本自去物類遠，舉此則人人知自別於禽獸蟲魚草木矣。類性則近矣，而個性則遠，個故遠也。夫個性者合類性與習言之，類性本近而習遠之，習遠者，言善惡之向背，習慣之差異，嗜好之分殊；總言之，卽生命浮沈程度之等別，凡此皆起於習使相遠也。蓋夫子言心性，乃心理學地言之，常識地言之，教育家者言也。其言渾，其旨容，是以人樂與從而改焉。蓋遠旣在習，則人之生也有幸與不幸，荀子所謂「蓬生麻中，不扶而直；白砂在涅，與之俱黑」。則人之相責善也，上則慕其優良，下則憐其惡劣，是以無嫉妒疾惡之情，而胥相提携樂與相從以俱上矣。若夫純自哲學地言性，但責其本性而不恤其所習，如人有病失力，而責以重負，其可乎哉？夫性猶力也，其習善則力富，習不善則餒矣。習者非一朝一夕之故也。其得力與失力所從來久矣，欲一朝而富，不可得也，欲一朝而餒，亦不可得也。故富者不能損於一朝，餒者不能復於一旦。孟子譏月偷一雞，蓋純哲學地言之，純理論之言也，是責性之言也。夫子乃原其習，是心理學地言之，常識地言之，實際之言也。此則純教育家者言，非哲學家者言也。孟子者，哲學家言也。自後易傳、中庸下及宋明，皆自成性存存言之，是守本之言也。然習之移人，濳而漸，往往不覺，雖欲守之，有時而失之。夫子示人其要在習，此則易見且易爲力，人人能之。余嘗比較中西人情矣。我國人大抵責性守本而往往失之，西人乃責習不言性而往往得之。蓋習成自然，不用力而能。我國人雖曰守本，而忽於習，一旦遇事，不覺爲習所引，遂失把持。近年美國來臺留學生有「公德心」之指摘，其明徵也。夫夫子二千年上示人情之要在於習，乃今我國國民反不及泰西者，宋明守本之說掩之也。蓋守本之說行而夫子因習之敎遂被忽。夫人性本善也，苟又以善習相成焉，善莫大也。今不能以善習相成也，則性雖善而不爲所奪者幾希矣。

本章示人情之要在於習。

子曰：「唯上知與下愚，不移。」

此承上章言之。夫習之移人，漸而不覺，罕不移者。乃上知與下愚則不移，爲其習不能入也。夫習之入人，入其心也。心無體，以知爲體。故習之著心體者，著知體也。乃下愚則無知，無知故其心無體，無體則習不得著焉，是以不移。至於上知者，其知全，故其心體密，則習不得入焉，是以亦不移。其得入而移之者，惟在中人。夫中人有知而未全也。故其心有體而疏，有體且疏，是習得入而著之也。故習之中於人也，惟在中人，其間千差萬別，則所爲相遠者也。

此章顯習之移在中人。

附釋詞

下愚：下愚，今謂低能白癡也。

子之武城，聞弦歌之聲，夫子莞爾而笑曰：「割雞焉用牛刀？」子游對曰：「昔者偃也聞諸夫子曰：『君子學道則愛人，小人學道則易使也。』」子曰：「二三子！偃之言是也，前言戲之耳。」

崔東壁以先進末章及本章，門人面稱夫子爲戰國時語。余謂學道兩字亦戰國時語，夫子言道，但曰志而不曰學。夫道可志不可學也；學則有事。夫子之訪子游，事或有之，然記者以意爲之辭，辭則未必眞有也。雖然，聖人氣象何等平易！試觀宋明儒豈肯爲戲言者？彼嚴肅過於隆多，百物不生矣。

公山弗擾以費畔，召，子欲往。子路不說曰：「末之也已！何必公山氏之之也！」子曰：「夫召我者，而豈徒哉？如有用我者，吾其為東周乎？」

崔東壁斷本章不可信，蓋於事不合，於理亦未洽。意者傳聞之誤，記者又不辨其事，而又爲之辭以傳之。東壁謂戰國之士欲自便其私，故誣聖人以自解，傳經者誤採之，說有理。

子張問仁於孔子。孔子曰：「能行五者於天下，為仁矣。」請問之。曰：「恭、寬、信、敏、惠。恭則不侮，寬則得衆，信則人任焉，敏則有功，惠則足以使人。」

此記問失體，而又以數言，非實錄也。

佛肸召，子欲往。子路曰：「昔者由也聞諸夫子曰：『親於其身為不善者，君子不入也。』佛肸以中牟畔，子之往也，如之何？」

子曰：「然！有是言也。不曰堅乎？磨而不磷；不曰白乎？涅而不緇。吾豈匏瓜也哉？焉能繫而不食？」

此與公山章同，而子路口胳且不似，子路激。

子曰：「由也，女聞六言六蔽矣乎？」對曰：「未也。」「居！吾語女。好仁不好學，其蔽也愚。好知不好學，其蔽也蕩。好信不好學，其蔽也賊。好直不好學，其蔽也絞。好勇不好學，其蔽也亂。好剛不好學，其蔽也狂。」

此亦非夫子語。

子曰：「小子！何莫學夫詩？詩，可以興，可以觀，可以羣，可以怨；邇之事父，遠之事君，多識於鳥獸草木之名。」

詩三百，包羅兩間，天地萬物，人生彝倫，莫不賅焉。故其作用乃可以興、觀、羣、怨，以孝以忠；博物多識乃其餘事耳。其義要歸於興之一字；蓋詩教者，所謂情感教育也，自此興起，乃能立於禮，成於樂焉。當時言詩，猶今之言文學。夫詩之作用，卽所謂文學之作用也。此章言文學之作用備而盡，非深於詩（文學）如夫子者不能道也。後世言文學作用者，亦不能超於此。

子謂伯魚曰：「女為周南召南矣乎？人而不為周南召南，其猶正牆面而立也與？」

二南正風，此故獨得情感教育之正。蓋人生實際，胥由情感之平正出。情感苟不得平正，惟極端的理智主義足以救之，然此則堅枯無生意矣。故情感教育乃尤重於理智訓練也。以夫子當時，二南乃僅有之最佳教材也，故云然。

子曰：「禮云禮云，玉帛云乎哉？樂云樂云，鐘鼓云乎哉？」

凡人文皆實有意義，非徒文已也。凡人文皆人之本質之呈現，禮樂所以呈現個人之人的意義，亦以貫通呈現歷史文化之意義。苟非爾，則猶禽獸而衣冠，玉帛鐘鼓皆徒具耳。

子曰：「色厲而內荏，譬諸小人，其猶穿窬之盜也與？」

此孟子所謂無是餒者。

附釋詞

荏：詩節南山「憂心如惔」，漢書李廣傳「威稜憺乎鄰國」，吾鄉謂怯曰tám，今常語有躭心之躭，疑皆即此荏字。躭當作惔，荏當作憺，並一字一語。任，今之擔，可證。

窬：窬同竇。傅遜云：「竇古字作窬。說文亦引圭竇作圭窬。」

子曰：「鄉原，德之賊也。」

人之原，夫豈有害？雖不能進於堯舜之道，謹愨於己，固亦善人也。至於蓋一鄉則害生，爲其成一權威，遂掩堯舜之道，自此截斷，此之謂奪德，故夫子謂爲德之賊也。

孔孟辨此最微，而亦最嚴，常人不易解此。墨子之倡兼愛，孟子斥爲無父，固矣，亦此類也。夫個人之修養，但一心謹愨，雖有程度之高下，皆足嘉許。然若由此遂至掩斷道德之絕對標準，使人不知此之上復有一絕對高度的道德標準在，則其勢至足爲害，而亦不可原諒也，緣其淹沒眞正的道德也。蓋人類之道德不能停止於此一低層的愿愨，人類之道德自有其極高的境界，有或掩此者，是掩沒人性，掩沒事實，掩沒天命，是腰斬人文矣。故絕對不可原諒。此無可妥協，絲毫不得苟也。此所謂惡紫之奪朱也。

子曰：「道聽而塗說，德之棄也。」

或路上聽聞，或路上講說，此皆不成學問，此永不能成德。夫君子講習，有至嚴肅之場地與時間，如此苟且，豈能蓄得些德來？

此言學問道德皆是一嚴肅的成就，未有不嚴肅而能成學成德者。

子曰：「鄙夫可與事君也與哉？其未得之也，患得之；旣得之，患失之；苟患失之，無所不至矣。」

一語刺穿整部人類政治史，天下君臣其不爲鄙夫者幾人哉？此時封建世襲，故不言君。鄙者，謂生物。生物四字：爭、奪、把、持。

子曰：「古者民有三疾，今也或是之亡也：古之狂也肆，今之狂也蕩；古之矜也廉，今之矜也忿戾；古之愚也直，今之愚也詐而已矣！」

疾其非人之正也。然今人並古人之疾而不得有，則其疾深矣！蓋古人之疾，於今人爲正矣！

三語蓋三歎。

子曰：「巧言令色，鮮矣仁！」

重出。

子曰：「惡紫之奪朱也，惡鄭聲之亂雅樂也，惡利口之覆邦家者。」

凡此皆使人疑，疑則或奪、或亂、或覆。鄉原章詳之矣。

子曰：「予欲無言。」子貢曰：「子如不言，則小子何述焉？」

子曰：「天何言哉？四時行焉，百物生焉。天何言哉？」

此章因感世之不可爲，慨然思欲無言。本爲無可奈何之語。因子貢一言，遂轉述天德之大化以解之，非本意也。儒家立場，天人分畛，天道人道，相接而不相等，不得相假混合爲一也。太史公曰「究天人之際」，此一際自不可泯。曰「舜無爲」，仍是人道，非天道也。此立一人極。夫天極人極，區以別矣。然此中關鍵，乃在自然世界無意志之自由，在人類則有意志之自由。故天道不能統人道。天道者，一無自由爲條件之物道也；人道者，統自由之一特道也。此其異者。此義甚辨，讀者深思而得，則於儒、道判然矣。

孺悲欲見孔子，孔子辭以疾，將命者出戶，取瑟而歌，使之聞之。

崔述以本章跡如兒戲，謂聖人不如是輕易。東壁豈知夫子？謂宋明諸子不如是輕易可，若夫夫子生機活潑，不知老之將至，一向童心常在，有戲謔，有好惡，無掩飾，任眞無假，豈如宋明諸子一板正經，一起手便先打發掉童心，只成一具理骸然。故見南子而矢子路，遇故人而叩脛以杖，過子游而爲戲言，哭顏子慟，燕居申申夭夭，公冶長在縲絏而以子妻之，曰道不行乘桴浮於海，曰天生德於予，曰吾無隱乎爾，互鄉難與言童子見，顏淵後以爲死。凡此在夫子皆出性情，若宋明諸子必不爾也。故夫子之門，子路屢犯顏，而子夏疑於夫子，子貢賢於仲尼。程子曰：「孔子教人常俯就，不俯就則門人不親；孟子教人常高致，不高致則門人不尊。」可見聖人易之至。蓋自曾子、子貢、子夏皆先自莊以嚴之，孟子尤爲高峻，下逮宋明，乃有程門立雪，氣象已極狹窄，生機殆盡。

附釋詞

將：將，猶相也送也，古同音。

宰我問：「三年之喪，期已久矣！君子三年不為禮，禮必壞；三年不為樂，樂必崩。舊穀既沒，新穀既升，鑽燧改火，期可已矣。」子曰：「食夫稻，衣夫錦，於女安乎？」曰：「安！」「女安則為之！夫君子之居喪，食旨不甘，聞樂不樂，居處不安，故不為也。今女安，則為之！」宰我出，子曰：「予之不仁也！子生三年，然後免於父母之懷。夫三年之喪，天下之通喪也。予也有三年之愛於其父母乎？」

此宰我與夫子論喪期，各據以合理之論。蓋自當時喪期無定制，夫子主三年，宰我欲減爲一年。以余觀之，夫喪期當循其情之深淺而自爲限。如孟子言，舜五十而慕，則三年猶未足以疏其情。至於宰我，其人性情疏略，一年已足。蓋人情不齊，欲制一定期以統之，其勢甚難。夫子折衷之三年，爲子生三年然後免於父母之懷，聊以報之。然予無三年之愛於其父母，食稻衣錦而安，則奈何？如是且成虛制。故三年之喪雖定於夫子，後世罕能行之。

子曰：「飽食終日，無所用心，難矣哉！不有博弈者乎？為之，猶賢乎已！」

人之爲物，端在有心。今有心不用，等於無心，豈得稱人哉？夫子於人之積極界定，於此又一見。彼老莊之無心，及夫釋氏之寂寞，無論其非矣。

此章自知上以言人。孟子曰：「心之官則思。」謂心思而得，是自思言心，則心終是知之事。然孟子乃以仁、義、禮、知統歸於心以爲性。則孟子於心性之分別畢竟未了。實則如以心之德在思，則思終是知之事。本章言心，係素樸的、常識的說話，亦以心爲思官，而其意與孟子異（此當另論，不在本注範圍）。以心爲思官，則終是知上說話。此是自知之一行說人（人之說另有仁之一行）。故自知之一行說人，人之不用心，上之不異禽獸，下之不異木石。此是指昏昏噩噩之人爲言，故下云雖博弈猶賢之，極言其不當人份也。夫人不當人份，只是塊然一物耳，或蠕然一生物耳。

老莊之無心，釋氏之寂寞，並就心知一行說人，於人性之仁則全未之及。

附釋詞

博：博、卜同語，其數俱未知也。

弈：弈、弋同語，吾鄉今下棋猶云釣棋，蓋與弋同意。

子路曰：「君子尚勇乎？」子曰：「君子義以為上。君子有勇而無義為亂，小人有勇而無義為盜。」

君子義以爲勇。夫勇字从力，本屬生物事，必欲言勇於君子，終當超生物而屬之義理。不入義理，終非君子之事也。

子貢曰：「君子亦有惡乎？」子曰：「有惡。惡稱人之惡者，惡居下流而訕上者，惡勇而無禮者，惡果敢而窒者。」曰：「賜也亦有惡乎？」「惡徼以為知者，惡不孫以為勇者，惡訐以為直者。」

賜舉三惡，極警策，似過夫子者。然夫子舉所惡則極根本，賜所不到。此要在年事之差，所體人事自有深淺，所繫人文生命歷史文化意識自有長短。讀者會得此，則庶幾到矣。

惡稱人之惡者，爲不能與人爲善也。惡居下訕上者，爲其漫尊卑也。惡勇無禮者，譬野牛入莊稼，以生物亂人也。惡果敢而窒者，爲其壞人事也。四者皆亂壞倫體，蓋紫之奪朱之比，關係大。至子貢所惡，雖皆刻徼，不足爲亂，蓋皆小故，皆不及倫體，故淺也。

附釋詞

訕：訕，吾鄉今仍有此語，音soān，謂宣其怨也。訕、宣同語。

徼：徼，皦之叚。

子曰：「唯女子與小人為難養也；近之則不孫，遠之則怨。」

此言其不聞君子之道，純係生物習性。人苟無君子之道，違禽獸不遠矣。養如豢養之養。然禽獸與人不同類，故或近之或遠之，而無不孫與怨，此與人同類，乃知有不孫與怨，此則尤難於豢養者也。其特舉女子與小人二類者，君子所與居，此二類人耳，此二類人者所以養君子也，而君子則豢之。此乃時代的言說也。

子曰：「年四十而見惡焉，其終也已。」

此一般言之，人至四十，生命達於顛峯，而亦定型，且自此而衰，舊謂四十成德之年是也。然亦有過四十而後因事而悟者，則爲特殊之例，不在本章言內也。

微子第十八

微子去之，箕子為之奴，比干諫而死。孔子曰：「殷有三仁焉。」

殷周之交，其事未詳，世所傳皆經周人改易，不可信也。夫民族（殷周不同民族，其事非如後世之易朝代，此乃是征服與被征服）且亡矣，而去之，此其爲情也忍，爲知也淺，爲意也弱。此匹夫匹婦之行徑耳，非大知、大勇、大仁者之所爲。至於爲之奴或諫而死，此皆儒弱不知。齊宣王問貴戚之卿，孟子曰：「君有大過則諫，反覆之而不聽則易位。」夫貴戚孰過三子？乃效匹夫匹婦之所爲，而許曰仁。此腐儒之末論，必非夫子之聖言也。

柳下惠為士師，三黜。人曰：「子未可以去乎？」曰：「直道而事人，焉往而不三黜？枉道而事人，何必去父母之邦？」

味其辭氣，似出好事者之所爲。然其言極警策，雖聖哲如孔子，且不及此，乃徒遊列國，至被困陳、蔡。

齊景公待孔子曰：「若季氏則吾不能，以季孟之間待之。」曰：「吾老矣！不能用也。」孔子行。

崔述謂本章於時勢若有不符者。世家載孔子之齊在昭公孫齊之後。述據世家謂時孔子未爲大夫，班尙卑，望尙輕，景公不當卽以上卿待孔子，且此時景公年僅四五十，亦不當云老；因謂未敢決本章之必然。且據孟子云孔子不悅於魯衛，遭宋桓司馬將要而殺之，微服而過宋，遂謂孔子自爲司寇以後，去魯衛過宋，以至乎陳，無由北行以至齊，謂孔子至齊必在爲魯司寇前。如是觀之，則本章時勢果不符。然余有異論焉。孔子去魯適齊，經傳未載，世家多舛駁矛盾。史遷之史記，考事實多疏漏，自不可信。其他諸書，亦多駁雜矛盾，信其一則不得信其二，欲全信則相攻。余謂昭公孫齊之時，孔子年僅三十五、六，此時孔子未仕，自無去國之理，卽仕，則班尙卑，亦自無理必去國。且試度其情，孔子此時於宗國全未得試，焉有因一時之亂而遽去之，欲遂效力他國者？揆諸常人且必不爾，而況聖人乎？夫人有常情，必本國必不得試乃肯他去，或已試而不得有爲乃肯如別國。故余謂孔子之始出國在罷魯司寇後，前此未嘗出國也。先適齊不遇，乃反魯如衛。本章蓋實錄也。世信史遷，遂不信本章。遷誤，此不誤也。述亦有言曰「大抵自爲司寇之前，傳記多闕，事難臆斷」是也。世家及諸書說，於事理皆不合，此因情理推之，可信矣。且崔述謂昭公二十五年，景公年僅四五十，不得云老。而劉寶楠正義據左傳擬景公生在成公十七、八年，至昭公二十五年，謂年已六十，欲以此實老字，其實才得五十七、八，亦不得云老。今余定孔子去國適齊在罷司寇後，設在定公十三年，是年景公五十一年，依正義推之景公已七十七、八歲，正合云老；卽依述數，亦已六、七十，亦可云老。且此時孔子在魯已顯，景公之欲以季孟待孔子，其位望正相符。是兩相得，無不合處，益可信已！

禮記檀弓載孔子過泰山側，見一婦人哭於墓，而使子路問之。孔子過泰山側，如齊也。使是時如世家言，孔子三十五歲，則子路未必已來學，即來學亦未必即與俱避亂如齊也。使此事果實也，屬之罷司寇後正相符，孔子已去，子路亦不得留。故余謂去國始於罷司寇。蓋至此事已無可爲，始有去志。故弟子累乘從之。夫子之位望已尊，門人之從遊已久，乃有是也。且余前謂夫子必四十而後方肯受徒，益知昭公孫齊之時，夫子必無適齊之事。且余觀論語所載子在齊所爲言語事蹟，則道已高，望已重，至早必在知命以後。謂「韶盡美盡善」，謂「武盡美未盡善」，答景公「君君臣臣父父子子」，曰「齊一變至於魯魯一變至於道」，景公欲「以季孟之間待之」，皆合於此時，不合於三十五、六歲之壯年也。且如昭公被逐而適齊，亦不當言齊一變至於魯也；此時魯方逐君，豈得爲此言？且夫子自道四十而不惑，若此時三十五、六，恐猶在沈潛中，豈敢遂有言論？況遊說人君，必欲求行其志也耶？故吾謂四十前，夫子必無言無事無徒且未仕也。

齊人歸女樂，季桓子受之，三日不朝，孔子行。

此所記與孟子異。孟子言孔子爲魯司寇，爲不用，因燔肉不至而行。此不言不用，但因小故而行，於聖人行止未有說。而世家合論孟而加詳，其言悖謬不經，全不可信。崔述曰：「春秋於歸俘歸賵歸襚之事，無一不書，而女樂之歸，獨不書於經，亦幷不見於傳。」述之爲考信錄，凡不見於經傳者，概不錄是也。蓋齊人歸女樂，必無其事，而史記實之。夫齊泱泱大國，豈爲此屑屑哉？且甫聞國政三月，便有霸徵，而曰塗不拾遺，遂使齊懼，此皆荒唐不經，凡稍涉史實者所不能信也。孟子但言不用，燔肉不至，此情理之所當有也。凡事有二不相符者，有一可信，其一必不可信，此論理之定則也，論語第十五篇以後崔述謂惟子張篇無可疑，餘四篇多不可信。故此孟子爲是矣，此章必非。余思索本章，蓋本戰國策士之僞說而省記之，世家詳其事，此但記其要，其爲縱橫家言，跡至明。

楚狂接輿歌而過孔子曰：「鳳兮！鳳兮！何德之衰？往者不可諫，來者猶可追。已而！已而！今之從政者殆而！」孔子下，欲與之言，趨而辟之，不得與之言。

夫子晚年而世益衰，故多隱者，其棲棲遑遑如夫子者亦言欲浮海欲居九夷而欲無言。楚狂接輿者，蓋亦有心人也。崔述謂此數章似莊周。述但知其似，而不辨其異者。凡論語中所載此諸章，皆明見儒家立場。本章蓋實錄也。夫夫子見老子事，後世盛傳而論語獨不載，蓋本無其事也。接輿事後世或傳之，而此亦載之，實錄也。蓋道家起孔子後，若接輿，或熱心世道而終不得有爲，故佯狂而歌，或辟世而耦耕，皆因於時勢時事而致此，非如後世道家，先持其說，因以衍之，不必有實事也。古人學不離事，後世始有離事衍理之學。

長沮桀溺，耦而耕。孔子過之，使子路問津焉。長沮曰：「夫執輿者為誰？」子路曰：「為孔丘。」曰：「是魯孔丘與？」曰：「是也。」曰：「是知津矣！」問於桀溺。桀溺曰：「子為誰？」曰：「為仲由。」曰：「是魯孔丘之徒與？」對曰：「然。」曰：「滔滔者天下皆是也，而誰以易之？且而與其從辟人之士也，豈若從辟世之士哉？」耰而不輟。子路行以告。夫子憮然曰：「鳥獸不可與同羣，吾非斯人之徒與？而誰與？天下有道，丘不與易也。」

長沮桀溺之兩問兩答，一見知其爲戲劇，必非眞情實事也。然夫子數語，斷不能出他人口。蓋夫子嘗有問津事，感而有此言，傳者附益其事，因衍成戲劇焉。夫人物則有別矣，此在道家則不能別，且亦不別也。道家於此亦全不會會得。長沮桀溺固非道家者，蓋此時尚無道家也，然道家則自此出。道家之不別人物，彼但知一泛存在，而不知存在有等級。其於人之存在，則視與物之存在同，彼不知人也。人之存在，自有其特殊的意義，特殊的形態，即有一特殊的內涵。蓋物之存在必繫於人之存在而後成爲眞存在，否則物之存在不得成立。今使人之存在繫之物，或與物平相錯置，則一切存在舉失所在。不惟一切存在舉失所在已也，則此一存有之進路與發展，其達於人以完成一人文以繫夫一切物之文而爲天意天命始終所注之終極意義遂失，則此一存有，即宇宙世界之所以在所以生成之意義皆不可得。如此平排錯置，如不求其故則已，苟求之則成絕望虛無。道家全不能會此。本章「鳥獸不可與同羣」「吾非斯人之徒而誰與」二語，直接托出，直顯人之身份。有此身份則宇宙世界之落於人身上之實責實務方可得而論也；否則一概扯平，都無可說矣。此義極要緊極重大，我國道家之無，釋氏之空，及近世之虛無主義，乃至輓近存在主義之絕望，皆坐不識此。

附釋詞

憮：憮、憫古今字。

子路從而後，遇丈人以杖荷蓧。子路問曰：「子見夫子乎？」丈人曰：「四體不勤，五穀不分，孰為夫子？」植其杖而芸。子路拱而立，止子路宿，殺雞為黍而食之，見其二子焉。明日，子路行以告。子曰：「隱者也。」使子路反見之，至則行矣。子路曰：「不仕無義。長幼之節，不可廢也；君臣之義，如之何其廢之？欲潔其身而亂大倫。君子之仕也，行其義也。道之不行，已知之矣！」

自子路反見已行，則知亦爲戲劇，非實事也。實事無如是矯情者。且子路一席話，口脗極似孟子，孟子斥楊朱無君，此云亂大倫，其義一也。此好事者所僞託，殆猶在孟子以後。且四體不勤，五穀不分，如此掊擊儒家，皆孟子以後事。

意者儒家之徒之反擊莊周之徒者之所爲也。

逸民：伯夷、叔齊、虞仲、夷逸、朱張、柳下惠、少連。子曰：「不降其志，不辱其身，伯夷叔齊與？」謂：「柳下惠、少連，降志辱身矣！言中倫，行中慮，其斯而已矣！」謂：「虞仲、夷逸，隱居放言，身中清，廢中權。」「我則異於是！無可無不可。」

孟子謂夫子時聖是也。

大師摯適齊，亞飯干適楚，三飯繚適蔡，四飯缺適秦，鼓方叔入於河，少師陽、擊磬襄入於海。

大師摯與夫子同時，子在齊聞韶，大師摯爲奏之也。曰「師摯之始，關雎之亂，洋洋乎盈耳哉」，「子語魯大師樂」，皆摯也。蓋季氏八佾舞於庭，三家以雍徹，故諸樂官散而之四方。夫禮樂刑政，治之大體，樂官者，三代之所同尊，用之祭祀典禮焉，初無以爲娛者。亞飯三飯四飯者，猶今第一琴手第二琴手，其奏席之序次也，非謂侑食之次序也。此所謂雅樂，治體所繫，豈可褻哉？其有侑食或爲懽娛者，蓋俗樂也，樂官不爲此也。故樂官者固三代之所同尊，故特記之如此，苟如後世爲伶人賤工，豈爲之書耶？飯，如今之板。

周公謂魯公曰：「君子不施其親；不使大臣怨乎不以；故舊無大故則不棄也；無求備於一人。」

周有八士：伯達、伯适、仲突、仲忽、叔夜、叔夏、季隨、季騧。

子張第十九

子張曰：「士見危致命，見得思義，祭思敬，喪思哀，其可已矣！」

此即今之成人也。

子張曰：「執德不弘，信道不篤，焉能為有？焉能為亡？」

弘、強一語，弘猶堅也。此則於義理提不起，於生物放不下，是得志無補於道，失志有害於德，有不可以處樂，無不可以處約者也，不足以爲士君子矣。

子夏之門人問交於子張，子張曰：「子夏云何？」對曰：「子夏曰：『可者與之，其不可者拒之。』」子張曰：「異乎吾所聞。君子尊賢而容衆，嘉善而矜不能。我之大賢與？於人何所不容？我之不賢與？人將拒我，如之何其拒人也？」

子夏當不至作此淺語。或者一時言語，門人斷章爲言，失其本意耳。

子夏曰：「雖小道必有可觀者焉；致遠恐泥，是以君子不為也。」

小卽所謂一偏也；下章所謂「百工居肆以成其事」也。君子不爲者，君子欲執其全也。君子欲絜倫類之統，達於四海，貫乎百世，位育萬物耳；下章所謂「君子學以致其道」也。故子曰「君子不器」，此承之。

附釋詞

泥：泥，卽今之黏。

子夏曰：「日知其所亡，月無忘其所能，可謂好學也已矣！」

蓋「爲學日益」也。老子書繹此。學之義，只是日益。

子夏曰：「博學而篤志，切問而近思，仁在其中矣！」

夫世界者一經驗之範疇也，世無不學而知之事也，故學益博而知益周，知周則無遺，惟無遺也乃能無偏。夫仁，偏足以害之。志者，志道也。志道篤，乃能起於生物；道卽仁也。外在曰道，內在曰仁。切問近思，卽能近取譬，仁之方也。此示學者功夫所在。學者能致力於四者，自不違仁矣。若夫仁之當體發行，必至精熟，然後欲仁仁至。

子夏曰：「百工居肆以成其事；君子學以致其道。」

百工成事，君子致道，所主各異。

附釋詞

肆：肆，疑市之或字。

子夏曰：「小人之過也必文。」

人不能無過，有過然後爲君子。無過則定是文也，是小人巳。

子夏曰：「君子有三變：望之儼然，卽之也溫，聽其言也厲。」

此語甚得君子形容。望之儼然者，氣象卽然也；道義充之，其不儼乎？卽之也溫者，君子無不容也，無不敎也。聽其言也厲者，君子責人以仁義，故不惡而嚴，其身不正則不敢近之矣，況聞其言乎？

子夏曰：「君子信而後勞其民，未信，則以為厲己也；信而後諫，未信，則以為謗己也。」

雖生物話頭，要極中肯，一個信字便可通行天下，無此信字，寸步難行。

子夏曰：「大德不踰閑，小德出入可也。」

德猶云行爲也。

夫立其大則不得計其細，此世事之通情也。故爲大則不煩細，必欲事事計之，惟謹者能之；雖然，此則不足爲大矣。孟子曰：「大人者，言不必信，行不必果，惟義所在。」故小大不可兩兼者，天下之原理也。故有小人焉有大人焉。且此亦生命之二種樣相也，必不可合之一身。此亦邏輯的事實也，大卽非小，小卽非大，大而亦小，小而亦大，理所不得立。

附論：完人之定義

世有完人乎哉？有乎？無有乎？曰：此須視完人之定義而定焉。夫吾人擧目望日，其圓中規，謂此爲圓矣，則日誠圓焉。然日果圓耶？此稍習物理學者皆知其非圓也。故日之圓也，因其大而大求之而爲圓，使因其大而求其小則日非圓矣。故世有圓者，大求之也。完人之定義亦當如是，當因其大而大求之。大求之則世有完人焉，小求之，世畢竟無完人也。夫子聖人也，聖人者完人也，使小求之，雖夫子豈必完哉？夫子善謔；其戲言子游，謂顏囘後而死是也。夫子情急如童稚；矢子路是也。夫子亦狎也；其遇故人以杖扣脛是也。伯魚趨而教以詩禮，夫子爲人父而未親也。故致大者不煩細，望遠者忽其近，大生命豈如是拘拘耶？使聖人而拘拘則不足爲聖人矣。是以大聖如夫子，亦不能無出入小德者。故曰：「言必信，行必果，硜硜然小人哉！」是以小德之謹，乃匹夫匹婦之爲諒，未足語大。吳氏謂本章不能無病，吳氏腐儒，豈知此？蓋人終是一活活的生命，仁知之性，豈足以盡人？故人生帶氣質，帶習性，隨夫生理的、物理的、個人的、社會的種種，乃一活的生命，非呆滯的、死板的一理骸也。卽聖人亦不免，況凡人乎？夫子講學，原是一片生機，自後迂儒遂抹煞了，至宋明以來，幾成死物，人生更無情趣，又何生機之有？小德出入，正是生機情趣活躍也。

子游曰：「子夏之門人小子，當洒掃應對進退則可矣！抑末也！本之則無如之何？」子夏聞之曰：「噫！言游過矣！君子之道，孰先傳焉？孰後倦焉？譬諸草木，區以別矣。君子之道焉可誣也？有始有卒者，其惟聖人乎？」

洒掃、應對、進退，弟子職也，蓋禮之初堦也，此卽本也。子游以爲末者，陸子所謂先立其大者也。游、夏之訟，如後之朱、陸。

附釋詞

倦：倦字疑有譌誤，疑亦傳字。

子貢曰：「仕而優則學，學而優則仕。」

仕而優則學，言仕不忘學也。學而優則仕，言學毋速仕也。故政事閒暇，則修學以益之；學業已達，自可從容應事。苟政事閒暇，不修學以益之，則不免於固；子曰「學則不固」是也。學業未至通達，而倉卒應事，則不免害事；子曰「賊夫人之子」是也。然世之仕，雖優多不學；學未至於優，便急於仕：故多壞政事。

附釋詞

優：憂、優一語。此猶亂有治、亂相反二義。優者，不憂也，謂心閒無事也，卽所謂從容也。詩曰：「優哉！遊哉！」

子游曰：「喪致乎哀而止。」

此言其禮節。雖然，賢者多過之，不肖者多不及。

子游曰：「吾友張也，為難能也！然而未仁。」

以其難能，故未仁。

曾子曰：「堂堂乎張也，難與並為仁矣！」

正爲其堂堂，故難與並爲仁。

曾子曰：「吾聞諸夫子：『人未有自致者也，必也親喪乎？』」

人生難得自盡，爲人生一向與人隔也。不隔則無不盡。緣人生多循形骸，形骸固隔也。夫惟仁者然後無隔，仁者無形骸，萬物一體。然人未必皆能仁，雖不能皆仁，親子自是一體，故得不隔而盡。然雖一體，其非賢者，平日或仍不能無隔而不盡，及其至於親喪，則無賢不肖，則皆能泯隔頓盡焉。曾子大孝，念念在是，是以獨舉夫子斯語以讚人之於親喪而皆盡也。

夫親喪而自致，此情信美矣；然顧惟此時之自盡，而弗能恆盡於卽時卽地卽人也，則此情之美也，乃適足以憾之。蓋其盡之時暫而不盡之時久也，則人世之不隔短而隔長矣。故曾子之述斯語也雖以爲幸，乃適以見不幸焉。余每讀此章，輒欲喜而遂悲，憾人世之終隔而不能一也。

曾子曰：「吾聞諸夫子：『孟莊子之孝也，其他可能也，其不改父之臣與父之政，是難能也。』」

夫豈但父之臣與政也，苟爲無隔，世間無一事忍改也。然世事固有不可不改者，情固不得害義也。雖然，其情苟深矣，雖義所在，不顧也。父子相隱相負，卽此情也。儒家立場，多於此見之。此情至美，所憾惟弗充之耳。

孟氏使陽膚爲士師，問於曾子，曾子曰：「上失其道，民散久矣！如得其情，則哀矜而勿喜。」

仁者之言，煦如陽春；此所謂生生之德也。蓋法如網罟，而民非麋鹿，其不幸而來入網也，固當開其一面使活耳。

哀矜者，憫其不幸而離法也。

子貢曰：「紂之不善，不如是之甚也。是以君子惡居下流，天下之惡皆歸焉。」

凡紂之不善皆周人加之，紂非居下流也。周人之改造歷史，至使子貢疑之。

子貢曰：「君子之過也，如日月之食焉；過也人皆見之，更也人皆仰之。」

本章過字，乃泛指一切過誤，不限於道德一面，而尤指認識的、判斷的，即純乎知的處事之過誤而爲言。子貢此論，立意在皆見及更三字，以見君子心體如日月，過亦如日月，復亦如日月。以其如日月也，故過不害明。使如小人過而文且不能更也，則一過遂掩其明，其心自此成永夜，遂失灼照，則事無不壞矣。

本章示君子心體如日月。

衛公孫朝問於子貢曰：「仲尼焉學？」子貢曰：「文武之道，未墜於地，在人；賢者識其大者，不賢者識其小者，莫不有文武之道焉。夫子焉不學？而亦何常師之有？」

公孫朝之問，猶達巷黨人語也；蓋夫子博學而無所成名也。然子貢答語則非朝之所能曉矣。夫子之學在承續華夏整個歷史文化，朝與達巷及衆人皆不能知也。子貢晚年道與學，俱已極高，故其言獨能到。其言無常師，眞把握得到。此談及師承問題。夫整個歷史文化問題，豈戔戔師承事乎？夫子蓋以天縱大聖獨體全局承之，此豈師之言乎？是以無常師而又無不學也。

子貢本章答語甚警策，一語發歷史文化之承續而無餘。

叔孫武叔語大夫於朝曰：「子貢賢於仲尼。」子服景伯以告子貢。子貢曰：「譬之宮牆，賜之牆也及肩，窺見室家之好。夫子之牆數仞，不得其門而入，不見宗廟之美，百官之富。得其門者或寡矣！夫子之云，不亦宜乎！」

惟賜之善言也，故能盡聖人之富美。然賜之富美亦幾矣，是以武叔疑之。子貢晚年亦幾於聖，故人多疑之，如子夏之在西河也。

叔孫武叔毀仲尼。子貢曰：「無以為也！仲尼不可毀也。他人之賢者，丘陵也，猶可踰也；仲尼，日月也，無得而踰焉。人雖欲自絕，其何傷於日月乎？多見其不知量也！」

聖人博大高深，固非常人之所能知矣！「不知量」「自絕」二語，抉剔直入病本，舉世皆倒。蓋武叔於夫子聾而已，於子貢實，故爾也。

陳子禽謂子貢曰：「子為恭也，仲尼豈賢於子乎？」子貢曰：「君子一言以為知，一言以為不知，言不可不慎也。夫子之不可及也，猶天之不可階而升也。夫子之得邦家者，所謂立之斯立，道之斯行，綏之斯來，動之斯和。其生也榮，其死也哀，如之何其可及也？」

陳亢，子貢弟子。知其師深，知夫子淺。然自亦子貢道學高，故有是言。蓋自當時諸子皆疑於夫子矣。孔門之盛可見。夫子之盛亦於是見之。生榮死哀四字，聖人之本體。賜洵能言者。惜乎夫子之未得邦家者，如得之，極榮哀必矣。

立立、道行、綏來、動和，則北辰居所，德化之神也。

論語下部似到此，一贊而結。

諸子治任歸，子貢又廬墓三年，下論以子貢讚夫子四章盡而結焉，有以也。吾意諸子中，最知夫子者，當是子貢，其留墓不去，豈無故哉？

此四章盡夫子，然亦惟子貢乃能盡。

堯曰第二十

堯曰：「咨！爾舜。天之曆數在爾躬，允執其中，四海困窮，天祿永終。」舜亦以命禹。曰：「予小子履，敢用玄牡，敢昭告于皇皇后帝：有罪不敢赦，帝臣不蔽，簡在帝心；朕躬有罪，無以萬方，萬方有罪，罪在朕躬。」周有大賚，善人是富。雖有周親，不如仁人，百姓有過，在予一人。謹權量，審法度，脩廢官，四方之政行焉。興滅國，繼絕世，舉逸民，天下之民歸心焉。所重民：食、喪、祭。寬則得衆，信則民任焉，敏則有功，公則說。

此古論自爲一篇，僞古文尚書多襲之。蓋戰國末年儒家者雜湊成篇者，與孔子無關。

子張問於孔子曰：「何如斯可以從政矣？」子曰：「尊五美，屏四惡，斯可以從政矣。」子張曰：「何謂五美？」子曰：「君子惠而不費，勞而不怨，欲而不貪，泰而不驕，威而不猛。」子張曰：「何謂惠而不費？」子曰：「因民之所利而利之，斯不亦惠而不費乎？擇可勞而勞之，又誰怨？欲仁而得仁，又焉貪？君子無衆寡，無小大，無敢慢，斯不亦泰而不驕乎？君子正其衣冠，尊其瞻視，儼然人望而畏之，斯不亦威而不猛乎？」子張曰：「何謂四惡？」子曰：「不敎而殺謂之虐。不戒視成謂之暴。慢令致期謂之賊。猶之與人也，出納之吝，謂之有司。」

此以數言，非夫子語。其記問失體與陽貨篇同。

子曰：「不知命，無以為君子也。不知禮，無以立也。不知言，無以知人也。」

君子小人之分，端在一個命字，故曰「不知命，無以爲君子」。禮所以立，故欲立則不可不知禮。夫知人在言行，然人之交接先以言，故知人在知言。

本章先言君子性命有本，本在知命；次言君子之所以行己；次言君子所以與人。三者盡君子之內外涵，亦卽盡人之絕對的及相對的全涵。以此結全書，亦饒有意味。蓋論語全書，循循善誘，諄諄善誨，無非欲人成君子人格耳，無非欲人成眞正的人耳。

滄海叢刊書目（二）

國學類

先秦諸子繫年	錢　穆　著
朱子學提綱	錢　穆　著
莊子簒箋	錢　穆　著
論語新解	錢　穆　著
周官之成書及其反映的文化與時代新考	金春峯　著
尙書學術（上）、（下）	李振興　著
周易縱橫談	黃慶萱　著
考證與反思——從《周官》到魯迅	陳勝長　著

哲學類

哲學十大問題	鄔昆如　著
哲學淺論	張　康　譯
哲學智慧的尋求	何秀煌　著
哲學的智慧與歷史的聰明	何秀煌　著
文化、哲學與方法	何秀煌　著
人性記號與文明——語言·邏輯與記號世界	何秀煌　著
邏輯與設基法	劉福增　著
知識·邏輯·科學哲學	林正弘　著
現代藝術哲學	孫　旗　譯
現代美學及其他	趙天儀　著
中國現代化的哲學省思——「傳統」與「現代」理性結合	成中英　著
不以規矩不能成方圓	劉君燦　著
恕道與大同	張起鈞　著
現代存在思想家	項退結　著
中國思想通俗講話	錢　穆　著
中國哲學史話	吳怡、張起鈞　著
中國百位哲學家	黎建球　著
中國人的路	項退結　著
中國哲學之路	項退結　著
中國人性論	臺大哲學系主編

中國管理哲學	曾仕強 著
孔子學說探微	林義正 著
心學的現代詮釋	姜允明 著
中庸誠的哲學	吳怡 著
中庸形上思想	高柏園 著
儒學的常與變	蔡仁厚 著
智慧的老子	張起鈞 著
老子的哲學	王邦雄 著
當代西方哲學與方法論	臺大哲學系主編
人性尊嚴的存在背景	項退結編著
理解的命運	殷鼎 著
馬克斯・謝勒三論	阿弗德・休慈原著、江日新 譯
懷海德哲學	楊士毅 著
洛克悟性哲學	蔡信安 著
伽利略・波柏・科學說明	林正弘 著
儒家與現代中國	韋政通 著
思想的貧困	韋政通 著
近代思想史散論	龔鵬程 著
魏晉清談	唐翼明 著
中國哲學的生命和方法	吳怡 著
孟學的現代意義	王支洪 著
孟學思想史論（卷一）	黃俊傑 著
莊老通辨	錢穆 著
墨家哲學	蔡仁厚 著
柏拉圖三論	程石泉 著
倫理學釋論	陳特 著
儒道論集	吳光 著
新一元論	呂佛庭 著

宗教類

圓滿生命的實現（布施波羅密）	陳柏達 著
薝蔔林・外集	陳慧劍 著
維摩詰經今譯	陳慧劍 譯註
龍樹與中觀哲學	楊惠南 著
公案禪語	吳怡 著
禪學講話	芝峯法師 譯

禪骨詩心集　巴壺天 著
中國禪宗史　關世謙 著
魏晉南北朝時期的道教　湯一介 著
佛學論著　周中一 著
當代佛教思想展望　楊惠南 著
臺灣佛教文化的新動向　江燦騰 著
釋迦牟尼與原始佛教　于凌波 著
唯識學綱要　于凌波 著
中印佛學泛論
——傅偉勳教授六十大壽祝壽論文　藍吉富主編
禪史與禪思　楊惠南 著

社會科學類

中華文化十二講　錢穆 著
民族與文化　錢穆 著
楚文化研究　文崇一 著
中國古文化　文崇一 著
社會、文化和知識分子　葉啟政 著
儒學傳統與文化創新　黃俊傑 著
歷史轉捩點上的反思　韋政通 著
中國人的價值觀　文崇一 著
紅樓夢與中國舊家庭　薩孟武 著
社會學與中國研究　蔡文輝 著
比較社會學　蔡文輝 著
我國社會的變遷與發展　朱岑樓主編
三十年來我國人文社會科學之回顧與展望　賴澤涵 編
社會學的滋味　蕭新煌 著
臺灣的社區權力結構　文崇一 著
臺灣居民的休閒生活　文崇一 著
臺灣的工業化與社會變遷　文崇一 著
臺灣社會的變遷與秩序(政治篇)(社會文化篇)　文崇一 著
臺灣的社會發展　席汝楫 著
透視大陸　政治大學新聞研究所主編
憲法論衡　荊知仁 著
周禮的政治思想　周世輔、周文湘 著
儒家政論衍義　薩孟武 著

制度化的社會邏輯　葉啟政 著
臺灣社會的人文迷思　葉啟政 著
臺灣與美國的社會問題　蔡文輝、蕭新煌主編
教育叢談　上官業佑 著
不疑不懼　王洪鈞 著
自由憲政與民主轉型　周陽山 著
蘇東巨變與兩岸互動　周陽山 著
鄉村發展的理論與實際　蔡宏進 著
戰後臺灣的教育與思想　黃俊傑 著
兩極化與分寸感
——近代中國精英思潮的病態心理分析　劉笑敢 著
唐人書法與文化　王元軍 著

史地類

國史新論　錢穆 著
秦漢史　錢穆 著
秦漢史論稿　邢義田 著
宋史論集　陳學霖 著
中國人的故事　夏雨人 著
明朝酒文化　王春瑜 著
歷史圈外　朱桂 著
宋代科舉　賈志揚 著
當代佛門人物　陳慧劍編著
弘一大師傳　陳慧劍 著
杜魚庵學佛荒史　陳慧劍 著
蘇曼殊大師新傳　劉心皇 著
近代中國人物漫譚　王覺源 著
近代中國人物漫譚續集　王覺源 著
魯迅這個人　劉心皇 著
沈從文傳　凌宇 著
三十年代作家論　姜穆 著
三十年代作家論續集　姜穆 著
當代臺灣作家論　何欣 著
師友風義　鄭彥棻 著
見賢集　鄭彥棻 著
思齊集　鄭彥棻 著

懷聖集　鄭彥棻 著
周世輔回憶錄　周世輔 著
三生有幸　吳相湘 著
孤兒心影錄　張國柱 著
我這半生　毛振翔 著
我是依然苦鬪人　毛振翔 著
八十憶雙親、師友雜憶（合刊）　錢穆 著
鳥啼鳳鳴有餘聲　陶百川 著

語文類

訓詁通論　吳孟復 著
標點符號研究　楊遠 著
入聲字箋論　陳慧劍 著
翻譯偶語　黃文範 著
翻譯新語　黃文範 著
中文排列方式析論　司琦 著
杜詩品評　楊慧傑 著
詩中的李白　楊慧傑 著
寒山子研究　陳慧劍 著
司空圖新論　王潤華 著
詩情與幽境——唐代文人的園林生活　侯迺慧 著
歐陽修詩本義研究　裴普賢 著
品詩吟詩　邱燮友 著
談詩錄　方祖燊 著
情趣詩話　楊光治 著
歌鼓湘靈——楚詩詞藝術欣賞　李元洛 著
中國文學鑑賞舉隅　黃慶萱、許家鶯 著
中國文學縱橫論　黃維樑 著
古典今論　唐翼明 著
亭林詩考索　潘重規 著
浮士德研究　劉安雲 譯
蘇忍尼辛選集　李辰冬 譯
文學欣賞的靈魂　劉述先 著
小說創作論　羅盤 著
借鏡與類比　何冠驥 著
情愛與文學　周伯乃 著

鏡花水月	陳國球 著
文學因緣	鄭樹森 著
解構批評論集	廖炳惠 著
世界短篇文學名著欣賞	蕭傳文 著
細讀現代小說	張素貞 著
續讀現代小說	張素貞 著
現代詩學	蕭　蕭 著
詩美學	李元洛 著
詩人之燈——詩的欣賞與評論	羅　青 著
詩學析論	張春榮 著
修辭散步	張春榮 著
橫看成嶺側成峯	文曉村 著
大陸文藝新探	周玉山 著
大陸文藝論衡	周玉山 著
大陸當代文學掃描	葉稺英 著
走出傷痕——大陸新時期小說探論	張子樟 著
大陸新時期小說論	張　放 著
兒童文學	葉詠琍 著
兒童成長與文學	葉詠琍 著
累廬聲氣集	姜超嶽 著
林下生涯	姜超嶽 著
青　春	葉蟬貞 著
牧場的情思	張媛媛 著
萍踪憶語	賴景瑚 著
現實的探索	陳銘磻 編
一縷新綠	柴　扉 著
金排附	鍾延豪 著
放　鷹	吳錦發 著
黃巢殺人八百萬	宋澤萊 著
泥土的香味	彭瑞金 著
燈下燈	蕭　蕭 著
陽關千唱	陳　煌 著
種　籽	向　陽 著
無緣廟	陳艷秋 著
鄉　事	林清玄 著
余忠雄的春天	鍾鐵民 著

吳煦斌小說集	吳煦斌 著
卡薩爾斯之琴	葉石濤 著
青囊夜燈	許振江 著
我永遠年輕	唐文標 著
思想起	陌上塵 著
心酸記	李喬 著
孤獨園	林蒼鬱 著
離　訣	林蒼鬱 著
托塔少年	林文欽 編
北美情逅	卜貴美 著
日本歷史之旅	李希聖 著
孤寂中的廻響	洛夫 著
火天使	趙衛民 著
無塵的鏡子	張默 著
關心茶——中國哲學的心	吳怡 著
放眼天下	陳新雄 著
生活健康	卜鍾元 著
文化的春天	王保雲 著
思光詩選	勞思光 著
靜思手札	黑野 著
狡兔歲月	黃和英 著
老樹春深曾著花	畢璞 著
列寧格勒十日記	潘重規 著
文學與歷史——胡秋原選集第一卷	胡秋原 著
晚學齋文集	黃錦鋐 著
古代文學探驪集	郭丹 著
山水的約定	葉維廉 著
在天願作比翼鳥——歷代文人愛情詩詞曲三百首	李元洛 輯注
鳴酬叢編	李飛鵬 編纂
千葉紅芙蓉——歷代民間愛情詩詞曲三百首	李元洛 輯注
秩序的探索	周慶華 著
邁向一流大學	馬哲儒 著

美術類

音樂與我	趙琴 著
爐邊閒話	李抱忱 著
琴臺碎語	黃友棣 著
音樂隨筆	趙琴 著
樂林蓽露	黃友棣 著
樂谷鳴泉	黃友棣 著
樂韻飄香	黃友棣 著
弘一大師歌曲集	錢仁康 編
立體造型基本設計	張長傑 著
工藝材料	李鈞棫 著
裝飾工藝	張長傑 著
現代工學與安全	劉其偉 著
人體工藝概論	張長傑 著
藤竹工	張長傑 著
石膏工藝	李鈞棫 著
色彩基礎	何耀宗 著
當代藝術采風	王保雲 著
都市計畫概論	王紀鯤 著
建築設計方法	陳政雄 著
建築鋼屋架結構設計	王萬雄 著
古典與象徵的界限——法國象徵主義畫家莫侯及其詩人寓意畫	李明明 著

滄海美術叢書

五月與東方——中國美術現代化運動在戰後臺灣之發展（1945～1970）	蕭瓊瑞 著
中國繪畫思想史	高木森 著
藝術史學的基礎	曾堉、葉劉天增 譯
唐畫詩中看	王伯敏 著
馬王堆傳奇	侯良 著
藝術與拍賣	施叔青 著
推翻前人	施叔青 著